ENTRE LUTAS E VITÓRIAS

Paola Fekett & Rodrigo Gonçalves

ENTRE LUTAS E VITÓRIAS

O AMOR E O LEGADO DE MEL

INSÍGNIA

EDITOR: Felipe Colbert

REVISÃO: Equipe Insígnia

CAPA E DIAGRAMAÇÃO: Equipe Insígnia

ILUSTRAÇÃO DA CAPA: Image by Freepik

Publicado por Insígnia Editorial
www.insigniaeditorial.com.br
Instagram: @insigniaeditorial
Facebook: facebook.com/insigniaeditorial
E-mail: contato@insigniaeditorial.com.br

Impresso no Brasil.

Dados Internacionais de Catalogação na Publicação (CIP)
(Câmara Brasileira do Livro, SP, Brasil)

Fekett, Paola
Entre lutas e vitórias : o amor e o legado de Mel / Paola Fekett & Rodrigo Gonçalves. -- São Paulo : Insígnia Editorial, 2024.

ISBN 978-65-84839-36-6

1. Adversidade 2. Doença 3. Espiritualidade 4. Família - Histórias 5. Síndrome de Patau 6. Superação - Histórias de vida I. Gonçalves, Rodrigo. II. Título.

24-231458 CDD-920

Índices para catálogo sistemático:

1. Superação : Histórias de vida 920

Eliete Marques da Silva - Bibliotecária - CRB-8/9380

À doce Mel, fruto de nossa união, e que posteriormente a apelidamos carinhosamente de "Abelhinha", sem necessidade de maiores explicações.

SUMÁRIO

PREFÁCIO

Gabrielle C. Kersten

Como começar um texto que vá além de uma simples junção de palavras? Como expressar algo que transcenda o técnico, que fale à alma, que toque o coração? Um texto que, em sua essência, busca transmitir sentimentos profundos e percepções que não podem ser contidas apenas por palavras?

Eu, Gabrielle, sou madrinha de casamento de Paola e Rodrigo. Minha história com este casal começou na infância, através de Paola. Nossos pais foram casados por muitos anos, e isso nos uniu em um lar comum até quase completarmos 16 anos. Mas a vida, com seus imprevistos, nos afastou. O divórcio de nossos pais nos levou por caminhos diferentes e, por muitos anos, nosso contato foi mínimo.

Paola se casou com Rodrigo, que sempre se mostrou um grande companheiro. Com o tempo, ela engravidou pela primeira vez, e a espera pela chegada de Maya se iniciou. Contudo, veio a partida prematura da filha do casal. Foi essa dor, que tantas vezes separa, mas que também pode aproximar, que nos reencontrou. O sonho de ser mãe nunca deixou o coração de Paola, assim como o de Rodrigo de ser pai.

Então, veio a notícia: Mel estava a caminho. O nome, doce como a promessa de um novo capítulo, trouxe surpresas, mas a maior delas foi a descoberta de que o amor verdadeiro é capaz de criar e transformar. Se Maya me aproximou da família, Mel nos manteve conectados. Com ela, aprendi sobre a verdadeira essência da fé, da esperança e, acima de tudo, do amor.

Tempos depois, Paola e Rodrigo nos convidaram, a mim e ao meu marido Renan, para ler o manuscrito deste livro. Eu, emocionada, mal conseguia terminar. Minhas lágrimas não eram apenas pelo sofrimento que essa família atravessou, mas por uma compreensão profunda do amor genuíno – aquele que respeita a vida em toda a sua complexidade, que abraça a escolha divina e, diante da dor, vê não um castigo, mas uma oportunidade de crescimento e transformação. O respeito por cada suspiro, por cada movimento, pelo desequilíbrio presente na dualidade da vida, e a forma como esse casal decidiu enxergar o processo como algo positivo, e não como sofrimento regado a desespero e depressão, é inspirador.

Aprendi com este livro que somos muito mais do que os desafios que enfrentamos, do que as doenças ou os obstáculos que surgem em nosso caminho. Ele fala sobre o amor, sobre a jornada de uma família que, com força e resiliência, me ensinou a olhar para a vida e para o recomeço com olhos renovados.

Independentemente de quem você seja, tem o poder de deixar uma marca profunda na vida de todos ao seu redor. Pode encontrar beleza nas tempestades e perceber que nem todos os presentes vêm embrulhados com laços dourados e pacotes perfeitos... alguns chegam desconstruídos, e cabe a você ativar sua capacidade e ter coragem para reunir as peças e criar algo grandioso a partir delas.

Rodrigo e Paola, obrigada por dividirem essa linda história. Permitam-me compartilhar, com a devida reverência, um trecho da Bíblia que traduz de forma sublime tudo o que tento dizer aqui: 1 Coríntios 13:13: "Agora, permanecem a fé, a esperança e o amor. Porém, a maior delas é o amor."

Obrigada, Mel, por deixar sua marca eterna em minha vida. Você me ensinou que a vida é, de fato, uma dádiva, e que, independentemente de quanto tempo passamos aqui, o que realmente importa é o amor. Somente por meio dele somos capazes de gerar transformações, onde quer que estejamos. Tão pequenina, deixou um legado imenso. E você, que lê essas palavras, o que fará com sua própria dádiva?

Que a história dessa família desperte em você o desejo de viver com fé, gratidão, respeito e, acima de tudo, amor.

Com todo o meu coração,

Gabrielle C. Kersten

INTRODUÇÃO

Rodrigo e Paola

A esperança é uma luz que nunca se apaga mesmo nas noites mais escuras. Ela é a força silenciosa que nos sustenta quando o caminho à frente parece incerto, o sussurro que nos diz para não desistirmos mesmo quando as circunstâncias sugerem o contrário. Em cada desafio, a esperança é a promessa de um novo amanhecer, um convite para acreditar que o futuro pode trazer transformações inesperadas.

Neste livro, relatamos como provamos dessa fonte inesgotável da esperança. Nele desdobramos a jornada da Mel, nossa pequena guerreira. Imaginávamos uma gestação tranquila e alegre, mas diante de um diagnóstico desafiador ainda na gravidez, nos vimos à beira de um abismo, mas também diante de uma oportunidade única de amar, lutar e crescer.

A Síndrome de Patau, uma condição rara e severa, marcou o início dessa trajetória. Mas enquanto muitos veriam isso como um fim, para nós foi o começo de uma história de resistência.

A Mel foi diagnosticada com a síndrome logo nos primeiros exames durante a gravidez. Esta condição, considerada por muitos incompatível com a vida, apresenta estatísticas nebulosas: menos de 1% dos bebês afetados sobrevivem além do primeiro ano. Muitos nem chegam a nascer. No entanto, ao invés de nos rendermos ao desespero, escolhemos lutar. A decisão transformou completamente nossa perspectiva e a maneira como enfrentamos cada dia subsequente.

Não foi fácil, claro. Nossa realidade seguiu-se pautada pela busca incessante por informações e tratamentos. Confrontamos a falta de dados sobre a síndrome, a escassez de recursos e o peso de expectativas despedaçadas.

Em vários momentos, chegamos a ficar sem chão, sem rumo.

Nas salas e corredores do hospital, durante mais de um ano em que estivemos neles, encontramos outros pais angustiados, observando seus filhos também lutarem batalhas descomunais desde o nascimento. Vimos o desespero causar estragos, mas também testemunhamos o poder de não nos entregarmos à adversidade.

E como explicar a força misteriosa que nos sustentou ao lado da Mel, celebrando cada pequeno progresso, cada novo dia? Essa energia que parecia inesgotável durante os momentos de luta, que nos mostrava a capacidade de superar e transformar a dor em algo maior que a nossa compreensão?

Pois foi em meio ao caos que descobrimos uma força inabalável em nosso núcleo familiar. Isso nos impulsionou a ir além, buscar especialistas e novas possibilidades de tratamento, mesmo quando vozes ao redor nos diziam para desistirmos. O amor de todos por nossa filha nos motivou a narrar nossa jornada em homenagem a ela e serviu como um farol para outros pais enfrentando adversidades similares.

Nos foi revelado também um apoio espiritual profundo que só pode ser atribuído à presença de Deus em nossas vidas. Quando parecíamos esgotados e o desânimo começava a se instalar, era a nossa fé que renovava o nosso vigor e nos dava a coragem necessária para enfrentar cada nova etapa. Essa conexão divina nos lembrava constantemente que não estávamos sozinhos em nossa luta, proporcionando-nos uma paz que superava todo entendimento humano. Através da fé, localizamos não apenas consolo, mas os passos para continuar nossa jornada, sustentados pela crença de que há um propósito maior para cada prova que enfrentamos.

Então, firmes e fortalecidos pela nossa fé e apoio familiar, encontramos no amor uma inesgotável fonte de resistência. Aprender a conviver com a impotência e, ainda assim, encontrar motivos para prosseguir revelou-se uma das nossas lições mais profundas. Portanto, mais do que explicações médicas, espirituais ou a biografia de uma passagem curta, este livro é a celebração do amor incondicional que a Mel despertou em nós. É a história de como ela, com sua breve, mas significativa presença, ensinou-nos sobre a verdadeira resiliência humana.

Nossa intenção é mostrar para pessoas que passaram ou estão passando por dificuldades e desafios inesperados que aprendam a lidar com a impotência, busquem ânimo no meio de frustrações, descubram o potencial que existe em entender os poderes da mente e, o mais importante, não percam a fé em Deus. Queremos deixar uma referência de luta constante, novas perspectivas e determinação.

Por fim, este livro é uma ode à vida da Mel, uma lembrança perene de que, mesmo nas circunstâncias mais sombrias, podemos encontrar luz. É um testemunho de que a esperança que citamos no início, uma vez acesa, nunca se extingue completamente.

Mel, este livro é por você e para você.

PRÓLOGO

Rodrigo

Pela segunda vez, eu carregava o caixão de uma filha.

Esta tarefa é uma dor que nenhum pai deveria conhecer. Como dizem, a ordem inversa da natureza. E fazê-lo pela segunda vez era reviver um pesadelo do qual eu ainda acreditava que nunca mais despertaria.

Na primeira ocasião, a realidade parecia distante, envolta em uma névoa de incredulidade e dor, enquanto meus braços, mecânicos, sustentavam o minúsculo caixão branco que continha a Maya. Agora, era a vez da Mel. Que não tivera uma vida tão longa, mas que Deus nos presenteou com mais tempo do que com a nossa primogênita.

Ao repetir este ato de despedida, sentia cada fibra da madeira em minhas mãos, cada detalhe daquele fardo que me cortava mais fundo do que na primeira vez. A tristeza não era mais aquela estranha e brutal força que me derrubara inicialmente; agora era uma velha conhecida, com minha própria sombra, que caminhava junto.

Durante aquele trajeto, meus passos eram lentos, medidos, cada um ecoando com o peso do futuro não vivido. E eu pensava que carregar o caixão de uma filha pela segunda vez era uma confirmação brutal de uma realidade que eu tentava negar. Por outro lado, percebia também que, enquanto andava, carregava todas as pouquíssimas memórias que criamos juntos, e que contrastavam com meu amor incomensurável.

Ao me despedir da Mel, era como se parte de mim também fosse enterrada. Uma parte que sempre será dela, reservada apenas para os momentos que compartilhamos na sua dura batalha pela vida hospitalar e para a dor que, a partir de então, habitaria permanentemente em nossas almas — a minha e a da minha esposa Paola.

No entanto, nesta segunda vez, havia também um estranho senso de responsabilidade que me permeava. Uma promessa silenciosa de que, mesmo na morte, a Mel continuaria viva em mim. Cada passo que eu dava ali seria também por ela. Cada conquista, cada momento de alegria seria tingido com as cores da sua memória.

Hoje sei que enquanto eu carregava seu caixão, eu também carregava o legado de sua breve, mas preciosa vida.

Ah, Mel! Ela me ensinou sobre a fragilidade da existência e sobre a força do amor incondicional. E, mesmo que eu tenha dito adeus, sei que, de alguma maneira, ela sempre estará conosco.

Carregar o caixão da uma filha pela segunda vez me fez entender que, embora eu a tenha perdido, nunca ficaremos completamente distantes. Ela vive nas lembranças que guardo, no amor que nunca desaparece, e na dor que me recorda que fomos, somos e sempre seremos, família.

Paola

Da primeira vez, saímos do hospital e fomos diretamente para o velório da Maya, os dois mudos no carro, Rodrigo e eu.

Nossas famílias já estavam lá, e a primeira pessoa que vi foi minha avó, que sempre teve dois sonhos: assistir ao meu casamento e ganhar um bisneto ou bisneta. Então, quando me aproximei dela, aquilo partiu em mais pedaços meu coração já quebrado. Eu a abracei e chorei.

Da segunda vez, estávamos no mesmo local, com os mesmos parentes. Agora era a vez da Mel.

Lembro ainda das pessoas de outras famílias que passavam por nós e ficavam consternadas com o caixãozinho branco ali, testemunhando nosso sofrimento. Uma cena de imensa tristeza para qualquer um. Pedimos para deixar o caixãozinho fechado para evitar impactar ainda mais nossa família com a imagem da Mel dentro dele, tão pequena.

Eu e Rodrigo não quisemos ficar muito tempo velando nossa filha, então pedi para abrir o caixãozinho e que nossa família nos deixasse a sós com ela para nos despedirmos mais uma vez da nossa bebê. Conversamos um pouco com a Mel e, assim, dissemos nosso último adeus.

Ainda no hospital, havíamos esperado o carro funerário e acomodado o corpinho da nossa filha no caixão. Seguimos o trajeto até o cemitério e, por obra do destino, realizamos o velório na mesma sala que foi usada para a despedida da nossa Maya, tempos antes.

Com nossas famílias, fizemos uma oração juntos e seguiu-se o sepultamento, numa reprise triste que tive que protagonizar e que me dilacerava.

A cena da minha avó chorando pela morte da segunda bisneta, o semblante de compaixão de todos por verem outro caixão tão pequenino... todo esse cenário significava viver, de novo, o pior dia de nossas vidas.

Assim como a Maya, foi muito difícil ter que deixar a Mel naquele local, depois de sepultada. Sim, eu sei que era só o corpinho dela. Mas a sensação de uma mãe como eu, que não teve a chance de viver uma vida sem sair do hospital com sua filhinha, é de que eu estava abandonando nossa Abelhinha; ela não iria para casa conosco, havia um vazio ao meu redor e eu só conseguia me perguntar intimamente: "Cadê a minha filhinha?".

Quando chegamos em casa, eu e Rodrigo nos olhamos e nos perguntamos o que iríamos fazer, sem emitir uma palavra. Não precisava. Nosso cansaço era sobrenatural, mas nossa mente estava acelerada; tanto ele quanto eu tínhamos flashes de tudo que havia acontecido a cada dia no hospital, uma linha sutil que separava a realidade do sonho parecia brincar conosco, nos entorpecendo de dor e lamento.

Foi quando eu abracei meu marido e, naquele instante, descobrimos o que tínhamos que realizar.

Precisávamos continuar conversando com Deus.

CAPÍTULO I

O SONHO VIROU REALIDADE

PAOLA

Somos seres humanos comuns, com sonhos, projetos, angústias e desafios. Muitas vezes, no meio de nossa história de amor, nos perguntamos por que nossas experiências pareceram tão diferentes das da maioria das pessoas. No entanto, não demoramos a encontrar a resposta, pois ainda hoje temos a certeza de que podemos enfrentar cada um desses desafios com grande garra, determinação e com a ajuda divina. Para que você entenda o que nos sustenta após superarmos as adversidades mencionadas no início deste livro, é essencial contar como tudo começou, quando eu conheci Rodrigo.

Venho de uma família simples, como a maioria dos brasileiros. Sou filha única, e meu pai abandonou minha mãe Sandra logo no início da gravidez. Felizmente contamos com o apoio dos meus avós maternos, figuras essenciais em minha vida. Meu avô representou a figura paterna para mim, e desde cedo a família se tornou algo de valor primordial. Sempre fui muito apegada a esses avós. E mesmo que meu avô já tenha falecido, minha avó continua sendo um refúgio de carinho para mim até hoje.

À medida que o tempo passava, minha mãe se casou novamente quando eu já estava mais crescida, aos 10 anos. Seu marido, hoje já falecido, tinha três filhas, que passei a considerar como minhas irmãs.

Minha mãe desempenhou os papéis de pai e mãe, sendo também minha amiga e confidente. Ela continua sendo minha principal fonte de força e coragem. A presença dela em minha vida me proporcionou suporte para me tornar quem sou hoje: sua determinação em me criar da melhor forma possível, os valores que ela me ensinou e seu carinho foram fundamentais na formação do meu caráter. Sempre pude conversar com ela sobre qualquer assunto, e ela sempre acolheu minhas amigas da mesma maneira. Isso fez com que eu não guardasse ressentimentos em relação ao meu pai, que nos abandonou, pois minha mãe preencheu meu coração com amor e coragem. O exemplo dela inspirou em mim, desde cedo, o desejo de construir uma família, ter um bom marido e filhos para compartilhar os ensinamentos que recebi.

Foi nesse contexto que Rodrigo entrou na minha vida.

Formada em Rádio e Televisão, trabalhei por muito tempo em uma emissora de TV até ser dispensada em 2015. Desempregada, comecei a procurar emprego na minha área, mas sem sucesso. Até que uma amiga me incentivou a me candidatar a uma vaga em uma agência de marketing. Sem nenhuma experiência no ramo, decidi arriscar e me inscrevi. Para minha surpresa, fui selecionada. A agência era da irmã do Rodrigo, que trabalhava no mesmo prédio que ele. Acabamos nos vendo frequentemente e iniciamos uma relação cheia de sintonia e naturalidade, com muitas conversas e uma forte amizade; sempre nos demos muito bem.

Logo percebi que Rodrigo era fisicamente bonito e ao conhecer sua história, entendi o porquê.

Rodrigo é o primogênito de uma família de três filhos. Antes do nascimento de seus irmãos, já era extremamente ativo e travesso. Seus pais diziam que ele mal dormia à noite de tanta energia! Com o nascimento de sua irmã e posteriormente do irmão caçula, a família mudou-se para uma casa com uma quadra de tênis do outro lado da rua. Rodrigo continuava ativo, tanto que seus pais o levaram ao médico, pensando que algo estava errado. O médico então prescreveu algo que Rodrigo segue até hoje: a prática de esportes.

Rodrigo começou então a jogar tênis. Aos 10 anos, inscreveu-se na Federação Paulista de Tênis e não tardou a competir. Isso ajudou a desenvolver seu foco e concentração. Propôs-se a superar as dificuldades e dedicar-se ao máximo para alcançar o sucesso. Posteriormente envolveu-se com outras atividades físicas, como por exemplo, surfar durante as férias no litoral norte de São Paulo, em Ubatuba, mantendo a sua rotina ativa.

Além do esporte, tínhamos muitos interesses em comum, o que tornava nossa relação cada vez mais intensa e harmoniosa. Após um ano de namoro, Rodrigo seguiu os protocolos e pediu minha mão em casamento durante um almoço com minha família. Naquele momento, oficializamos nosso compromisso de ficarmos juntos por toda a vida. E em 29 de outubro de 2016, nos casamos.

Tudo sempre aconteceu muito rápido com nós, inclusive os eventos que se seguiram.

Rodrigo

Meus pais sempre trabalharam arduamente para proporcionar as melhores condições de vida para nossa família. Devido à intensidade de seus empregos, nosso convívio era principalmente nas noites, quando eles retornavam para casa. Dessa convivência, herdei o empenho pelo trabalho e a convicção de que na família encontraria sempre o abraço e o amparo necessários. O exemplo deles de honestidade, trabalho árduo e dedicação moldou profundamente o meu caráter. Desde a infância, tenho sido uma pessoa focada e determinada, sempre buscando equilíbrio entre mente e corpo por meio de atividades físicas. Hoje sou alguém que não se deixa abater facilmente; diante de cada obstáculo, vejo uma oportunidade para afirmar um "sim" resoluto. Foi com essa mentalidade que compartilhei meus planos com Paola.

Paola se revelou a parceira ideal desde o início. Após nos conhecermos, confiei a ela meu desejo de começar uma nova vida nos Estados Unidos em busca de oportunidades. Ela aceitou prontamente a ideia, disposta a embarcar nessa aventura comigo. Percebendo uma demanda alta por produtos de qualidade entre frequentadores de academias, planejamos abrir uma loja de suplementos alimentares por lá. Vimos nisso uma chance de estabelecer nossa vida juntos em um novo país.

Somente durante a festa de nosso casamento revelamos aos amigos e familiares nossos planos de nos mudarmos para os Estados Unidos. A notícia causou um grande impacto e muitos expressaram preocupação, alertando-nos sobre os desafios de morar juntos em um ambiente totalmente novo, sem a proximidade de amigos ou família. Contudo, tínhamos convicção de nosso sucesso. Já estava decidido e bem planejado — era o meu sonho, e estávamos em sintonia quanto aos nossos objetivos.

Nos casamos e rapidamente organizamos nossa partida. Vendemos nossos pertences no Brasil, alugamos nosso apartamento, levantamos algum dinheiro e, em 29 de novembro de 2016, embarcamos para os EUA, já com produtos a caminho para a nova loja. Nosso destino foi Davenport, em Orlando.

Essa nova fase foi, sem dúvida, uma obra divina, pois hoje percebo que Deus orquestrou cada passo nosso, desde como nos conhecemos até a certeza de nosso futuro juntos, fortalecido pela confiança mútua entre mim e Paola para fazer com que tudo desse certo.

Montamos a loja e começamos a construir nossa vida na América, com foco nas vendas e frequentando academias. Durante uma dessas visitas, um treinador renomado em Orlando notou o potencial da Paola para competir no fisiculturismo na categoria biquíni. Ele nos encorajou a considerar seriamente essa possibilidade, mencionando um campeonato próximo.

Aceitamos o desafio e nos dedicamos intensamente ao treinamento e dieta, preparando Paola para competir ao mais alto nível, enquanto aprendíamos tudo sobre o esporte.

Quando retornamos ao Brasil para visitar nossa família e passar algum tempo, continuamos com a rotina de treinos e dieta rigorosa. Embora as mudanças físicas em Paola fossem notáveis, optamos por não divulgar nossa participação nos campeonatos.

De volta aos Estados Unidos, Paola competiu e venceu seu primeiro campeonato, o NPC SOUTH FLORIDA, confirmando seu potencial. Nesse período, nossa vida girava em torno da loja, que prosperava, e da preparação da Paola para futuras competições.

Neste dia, Paola venceu duas categorias em primeiro lugar

Esta fase foi interessante, pois, para auxiliar Paola, eu havia estudado alguns livros e assistido a palestras. Aprendi como podemos trocar nossas crenças e paradigmas através da repetição. Assim, acessamos o subconsciente de uma pessoa.

O adulto já tem crenças formadas, muitas vezes por professores, avós, tios e outras pessoas. Com Paola, utilizávamos técnicas específicas. Por exemplo, quando você acaba de acordar e antes de dormir, se você pensa repetidamente nessas informações, ou seja, no que você almeja, nas suas futuras conquistas, isso começa a se manifestar na sua vida, porque você está plantando essas ideias no seu subconsciente. Paola se imaginava vencendo os campeonatos, se via com o troféu nas mãos e agia como campeã. Nos períodos da manhã e da noite, antes de dormir, a mente está mais tranquila. Durante o dia, com muita informação e muitos pensamentos, é mais difícil acessar o subconsciente.

Após um ano em Orlando, nos mudamos para Miami, onde residimos por mais quatro anos no bairro de Hallandale. Paola continuou competindo, participou de sete campeonatos e conquistou o primeiro lugar em cinco deles. Nesta lista, podemos citar o NPC IFBB PRO LEAGUE PRESTIGE CRYSTAL CUP e o MIAMI MUSCLE BEACH.

Assim, nossa meta era obter o visto americano com Paola como atleta e eu como seu treinador, para fixarmos residência permanente em Miami.

Paola era frequentemente considerada a atleta mais bem condicionada nos campeonatos

Paola se tornou uma estrela em Miami, dominando as competições e ganhando a admiração de muitos, inclusive seu apelido nas competições era "Brazilian Superstar". Minha reputação como treinador cresceu, e a demanda por meus serviços aumentou significativamente. Foi um período de grandes realizações e prosperidade.

E então, enfrentamos nossa primeira grande adversidade.

CAPÍTULO II

O INÍCIO DA REVIRAVOLTA

Rodrigo

Mais do que um sonho, a realidade de termos alcançado esse êxito se deve à nossa coragem. A coragem que tivemos, que muitos desejariam ter, de abrir mão de um emprego estável, deixar a comodidade, vender nossas coisas no Brasil e assumir a atitude de tentar a vida em outro país. Não aspirávamos apenas mais do mesmo: a rotina de acordar, trabalhar, pagar contas, voltar para casa, dormir e recomeçar no outro dia. Queríamos deixar uma marca, fazer algo espetacular. E isso viria do esporte.

Com ele, vivíamos uma disciplina rigorosa. Esse condicionamento envolvia treinar a Paola para competições e seguir todas as regras de alimentação. A disciplina é essencial para qualquer atleta e nos fortalece interna e externamente, ajudando-nos a superar nossos desejos, comodismos e limites. Houve dias em que Paola realizava duas horas de exercício aeróbico, mais uma hora e meia de musculação, seguindo uma dieta muito restrita, consumindo uma quantidade precisa de água e mantendo o sono adequado. E por pelo menos cinco meses, renunciamos a saídas com amigos e outros prazeres cotidianos, isolando-nos em nosso próprio mundo. Esse foco nos fortalecia mentalmente para manter a disciplina, uma abordagem quase estoica para alcançar nossos objetivos.

Superamos vários obstáculos, encontrando forças que nem sabíamos possuir. Por exemplo, muitas pessoas desistem de dietas rigorosas após uma semana, mas nós resistimos à rotina intensa. Em várias ocasiões, Paola acordava exausta, dizendo que não aguentava mais e que não iria treinar naquele dia. Mas ela se levantava às 6h, tomava um café e iniciava com uma hora de cardio[1] em jejum. Depois seguia com a alimentação planejada e terminava o dia com mais uma sessão de musculação e cardio. Essa rotina era crucial para enfrentarmos os desafios subsequentes.

O alto desempenho em qualquer esporte profissional exige uma mente extremamente resiliente, pois busca uma disciplina que 99% das pessoas não conseguem manter. Paola comia pouco e treinava intensamente, e cada progresso nos fortalecia mais. Estar mentalmente preparado era fundamental, pois a mente tenta nos convencer a desistir. No entanto, com determinação e foco, descobrimos uma força interior desconhecida e poderosa.

Houve um dia em que Paola acordou chorando de exaustão. Naquele momento, tive que ser muito racional. Minha mente de marido queria confortá-la, mas como treinador, precisava encorajá-la a continuar. O papel de treinador prevaleceu porque era para o bem dela, e eu sabia que ela iria superar.

Realizar exames gerais era rotineiro. Em uma dessas ocasiões, quando estávamos em São Paulo de férias com a nossa família em 2019, um deles revelou um nódulo estranho na tireoide da Paola. O médico nos tranquilizou e recomendou uma punção para resguardar, mais especificamente, uma biopsia[2]. Assim fizemos e logo voltamos para Miami.

Estávamos numa fase animada, pois naquele ano conseguiríamos o visto de permanência nos Estados Unidos. Porém, quando saiu o resultado do exame, minha sogra, chorando, me informou que tinha dado positivo. Esse momento me paralisou; foi um choque indescritível. Imediatamente fui falar com Paola, que já estava ciente da notícia.

---

1 No contexto do exercício físico, "cardio" refere-se a atividades que elevam a frequência cardíaca e aumentam a circulação sanguínea por todo o corpo. Esses exercícios, também conhecidos como exercícios aeróbicos, são projetados para melhorar a eficiência do sistema cardiovascular, que inclui o coração, os vasos sanguíneos e os pulmões. Exemplos comuns de exercícios cardiovasculares incluem correr, caminhar, nadar, andar de bicicleta, pular corda e usar máquinas como esteiras e elípticos.

2 A biópsia é um procedimento médico em que uma pequena amostra de tecido ou células é removida do corpo para ser examinada em laboratório. O objetivo da biópsia é diagnosticar doenças, identificar a presença de anormalidades ou monitorar a progressão de uma condição existente. Esse procedimento pode ser realizado em diversas partes do corpo, como pele, órgãos internos, ossos ou tecidos moles, e pode ser feito de várias maneiras, incluindo por agulha, endoscopia, cirurgia ou outras técnicas. A análise da amostra retirada pode ajudar a detectar doenças como câncer, infecções, inflamações e outras condições patológicas.

O resultado foi positivo para carcinoma papilífero, um tipo de câncer na tireoide. Tive acesso ao resultado da biópsia pelo site do laboratório, um dia antes do meu aniversário. Decidi não contar ao Rodrigo para não estragar a celebração, especialmente porque já vivíamos uma vida bastante restrita. Então optei por não o preocupar, nem a minha mãe, no dia do meu aniversário. Eu sabia que uma batalha estava por vir, então quis desfrutar de um dia de paz e alegria; quis me fortalecer para o que enfrentaria.

Nós, mulheres, sabemos que o câncer de tireoide pode afetar não apenas a saúde física, mas também a autoestima e identidade feminina. A tireoide é uma glândula que produz hormônios que atuam no metabolismo do nosso corpo. Esses hormônios regulam várias funções no organismo, tais como: fertilidade, controle emocional e a relação com o ganho e perda peso (o que para mim, como fisiculturista, era muito importante). Além disso, o tratamento muitas vezes envolve terapias que podem ter efeitos colaterais significativos, afetando ainda mais a nossa qualidade de vida e o bem-estar emocional.

Quando Rodrigo chegou, nos abraçamos fortemente e, entre lágrimas, comprometemo-nos a não desfalecer. Confesso que já tinha ficado muito chocada; estava tão empenhada nos campeonatos, seguindo uma dieta rigorosa e treinando corretamente, que essa notícia foi devastadora. Um câncer... a palavra por si só já pesa. Parecia que eu estava entrando em um túnel escuro, sem saber onde encontraria a saída.

Estando nos EUA, a situação se tornava ainda mais complicada. Passei alguns dias em negação, dizendo a Rodrigo:

— Vamos ficar por aqui, o nódulo está quieto, ele não vai se mover. Continuemos treinando, vamos conseguir nosso visto, ganhar os campeonatos, tudo vai dar certo.

Mas nesse meio tempo, Rodrigo precisou me trazer de volta à realidade. Ele insistiu:

— De jeito nenhum, Paola, vamos voltar para o Brasil e cuidar disso. Você precisa operar, precisamos consultar um médico sobre esse câncer.

Rodrigo estava também profundamente impactado pela notícia. A ideia de sua esposa enfrentar um risco de vida era um golpe duro. Na minha negação, ele percebeu que precisaria tomar as rédeas da situação. Com sua determinação, organizou tudo rapidamente: consultou online um cirurgião de cabeça e pescoço antes de retornarmos ao Brasil, e esse médico comprometeu-se a cuidar do meu caso assim que chegássemos.

As palavras do médico reforçaram a urgência que Rodrigo já sentia:

— Paola, você não pode simplesmente ignorar isso. Você tem um câncer e precisa tratar!

Foi um outro choque de realidade. Logo entendi que se o câncer não fosse resolvido prontamente, poderia se espalhar.

Rodrigo organizou nosso retorno ao Brasil, buscamos um hospital de referência e começamos a enfrentar esse desafio. Assim que chegamos, conheci o médico, iniciei os exames pré-operatórios e fui aconselhada a realizar a cirurgia imediatamente, especialmente devido à pandemia de COVID-19[3], pois cirurgias eletivas estavam sendo canceladas. Deus providenciou tudo no momento certo, e consegui ser operada a tempo.

Inicialmente, planejávamos retornar aos Estados Unidos após minha recuperação para continuar nosso projeto em Miami. No entanto, com a pandemia, viagens foram restritas e não conseguimos mais voltar. Nossa vida deu uma volta completa, e nossos sonhos foram colocados em pausa...

3 A pandemia foi uma crise global de saúde causada pelo novo coronavírus SARS-CoV-2, que emergiu em Wuhan, China, no final de 2019. Caracterizada por uma rápida disseminação mundial, a pandemia resultou em milhões de infecções e mortes, sobrecarregando sistemas de saúde e levando a medidas drásticas como quarentenas, distanciamento social e fechamento de fronteiras. Além dos impactos sanitários, a pandemia provocou profundas repercussões econômicas e sociais, incluindo recessão mundial, desemprego e interrupções em diversos setores. A resposta global incluiu esforços acelerados para o desenvolvimento e distribuição de vacinas, tratamentos médicos e campanhas de saúde pública, que ajudaram a controlar a disseminação do vírus ao longo do tempo.

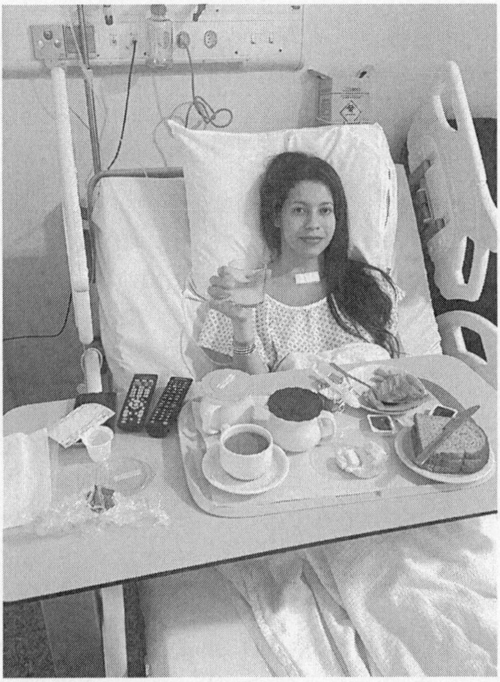

Paola no dia seguinte à cirurgia de tireoidectomia (remoção da glândula tireoide)

Mas como sempre digo: Deus está conosco o tempo todo! O cirurgião conseguiu preservar parte da minha tireoide, retirando apenas a área afetada. Ele acreditava que, por eu ser jovem e saudável, teria uma boa recuperação, o que me pouparia de medicação vitalícia. Felizmente, todos os meus exames mostram que estou completamente curada, e sou eternamente grata ao médico que me salvou.

Olhando para trás, questiono se estava realmente em negação ou se subestimei a gravidade da situação, pois um câncer é sempre muito sério. E como precisei do meu marido nesse momento! Nosso amor sempre foi de apoio mútuo. Claro, ele ficou assustado; tínhamos acabado de nos casar, cheios de planos. Mas a cirurgia foi agendada rapidamente antes que as restrições da pandemia entrassem em vigor, e tudo correu bem. Hoje, minha tireoide funciona normalmente e eu não tenho nenhuma sequela.

Eu sempre tive pavor de cirurgia, anestesia e qualquer coisa relacionada a isso. O lado positivo é que o processo de enfrentar o câncer pode reforçar e valorizar ainda mais a saúde física e mental, adotando hábitos de vida mais saudáveis e buscando um equilíbrio entre trabalho, família e autocuidado. O ser humano se torna defensor de si mesmo.

Também aprendi que, por mais estável que a vida pareça, sempre surgirá uma tempestade inesperada. Devemos estar preparados para enfrentar qualquer desafio, mantendo a serenidade e a razão para encontrar as melhores soluções. A coragem para encarar adversidades é o que nos move e derruba as montanhas no caminho.

Infelizmente, durante a pandemia, enfrentamos dificuldades financeiras; Rodrigo perdeu seus clientes e tivemos que fechar a empresa, ficando sem rendimentos. Precisamos nos reinventar, começando a oferecer consultorias e aulas online.

Durante esse período, recebemos um convite para trabalhar em Balneário Camboriú, em Santa Catarina, onde ficamos por um ano.

Até eu engravidar da Maya.

CAPÍTULO III

NOSSO PRIMEIRO AMOR: MAYA

Rodrigo

Num dia em Balneário Camboriú, já adaptados à nossa nova vida, eu estava estudando de manhã quando Paola decidiu sair sozinha, o que não era normal para ela. Imaginei que ela queria aproveitar a praia para relaxar um pouco. Depois de algum tempo, ela retornou com uma expressão incomum, e imediatamente percebi que algo significativo tinha acontecido. Ela então foi ao banheiro e depois me mostrou o resultado do teste de gravidez: positivo. Caímos no choro, abraçados e inundados de felicidade.

Para celebrar, fomos ao Morro do Careca, uma atração turística muito aclamada em Balneário Camboriú. Subimos a pé até o topo e lá em cima, agradecemos muito a Deus, como se estivéssemos mais perto Dele. Sempre quisemos ter filhos, e após várias tentativas, finalmente tinha dado certo! A alegria foi imensa e, naquele momento, eu imaginava que teríamos um menino. Mas quando descobrimos, através do exame, que seria uma menina, meu coração derreteu de emoção. A ideia de ser pai de uma menina era absolutamente indescritível.

Iniciamos o pré-natal em Balneário Camboriú. Desde o início da gestação, Paola apresentou pequenos sangramentos. Consultávamos regularmente os médicos e éramos tranquilizados. Lembro-me claramente da emoção de ouvir o coraçãozinho da Maya batendo durante o ultrassom; sentia que aquela pequena vida simbolizava nossa união e seria mais uma maneira de experimentar o amor. Um vínculo ainda mais forte, carregado de responsabilidade; agora eu era um pai de família, me sentindo maduro e realizado.

Contudo, o sangramento da Paola se tornou uma constante

preocupação. Começou leve, mas foi aumentando com o tempo, embora os médicos continuassem a afirmar que era normal. Porém, um dia, o sangramento intensificou-se tanto que corremos para o hospital. Paola foi atendida e submetida a exames, mas a causa do sangramento permanecia um mistério, o que elevou nossa ansiedade.

Foi então que decidimos seguir para São Paulo, conforme a recomendação da médica da Paola, para um acompanhamento mais próximo, e também por desejarmos que o parto ocorresse lá, perto de sua mãe.

Em São Paulo, novos exames revelaram que Paola tinha o colo uterino curto. Sua médica recomendou internação imediata devido ao risco de complicações. O sangramento continuava e nossa preocupação e medo só aumentavam.

Paola foi internada e, mais uma vez, senti-me psicologicamente abalado, sem saber o que esperar. Contudo, a certeza de que estávamos fazendo tudo ao nosso alcance para proteger nossa filha me trazia alguma paz. Tínhamos fé em Deus e estávamos em um dos melhores hospitais de São Paulo, cercados pelos melhores médicos. Todos os dias, eu dormia no hospital ao lado da Paola, alternando ocasionalmente com sua mãe, mas sempre presente, oferecendo apoio. Nunca passou por nossas cabeças que algo poderia dar errado; estávamos confiantes de que tudo se resolveria.

Planejava ir a Santa Catarina com meus pais buscar nossas coisas para finalizar nossa mudança para São Paulo, mas uma semana antes da viagem, tudo se transformou drasticamente.

Paola

Confesso que antes do teste de gravidez, eu já suspeitava estar grávida. Minha menstruação sempre foi muito regular, então, quando percebi um atraso de três dias, algo dentro de mim já sabia. No dia em que Rodrigo estranhou que eu mencionei ir fazer exercícios em jejum, aproveitei para ir à farmácia comprar um teste de gravidez. Voltei, fiz o teste, que confirmou minha suspeita, e não pude conter o riso. Quando Rodrigo me perguntou por que eu estava rindo, revelei que estávamos grávidos! Foi uma explosão de alegria, e naquele momento, já comecei a me sentir mãe. Reduzi a intensidade dos treinos e fiquei mais atenta à minha alimentação, adotando todos os cuidados possíveis.

Ser mãe tornou-se minha prioridade. Com a alegria, porém, veio também o sangramento. No início era pouco e os médicos não pareciam preocupados. Mas com o tempo, isso se tornou uma grande preocupação porque a causa permanecia desconhecida e o sangramento só aumentava.

Temia um aborto espontâneo e ficava angustiada. No hospital, assim que fui examinada, colocaram-me imediatamente numa cadeira de rodas, instruindo-me a ficar de repouso absoluto. Só então percebi que a situação era grave. Já com cinco meses de gestação, o sangramento aumentou de forma contínua, a ponto de saturar um absorvente grande rapidamente, como se estivesse menstruando. Fiquei um mês internada, obrigada a permanecer deitada, fazendo ultrassons diários enquanto os especialistas debatiam possíveis causas sem encontrar respostas.

O sangramento chegou a um patamar em que eu precisava trocar de absorvente a cada hora. O volume de sangue perdido era alarmante, e eu podia ver a preocupação nos rostos dos médicos. Ainda assim, mantinha uma calma aparente, sustentada pela esperança de que logo encontrariam uma solução e eu poderia prosseguir com a gravidez.

Contudo, tornei-me anêmica devido à perda de sangue e precisei receber injeções de ferro. Minha médica enfatizava sua preocupação com minha saúde e a segurança da gravidez. Cheguei perto de necessitar uma transfusão, e tudo estava preparado para tal, mas não aconteceu.

Uma noite, após um jantar com meus sogros no hospital, senti uma cólica intensa. Levantei para ir ao banheiro, pensando que aliviaria a dor, mas então ouvi um som de "ploc!" e imediatamente um fluxo intenso de sangue inundou o lugar. Chamei por ajuda; Rodrigo e as enfermeiras vieram e ficaram chocados com a cena. Eles queriam que eu voltasse para a cama, mas eu, estranhamente calma, pensava que era apenas mais um episódio de sangramento.

Naquela noite, a dor piorou consideravelmente, e apesar da medicação, nada aliviava. Foi então que um médico realizou um exame de toque e revelou que eu estava com 5 centímetros de dilatação e em trabalho de parto. Meu mundo desmoronou! Entre lágrimas e desespero, implorei para que fizessem algo para impedir o nascimento, pois sabíamos que se nossa filha nascesse naquela hora, ela não sobreviveria.

A notícia foi um golpe devastador, e me vi implorando por qualquer intervenção que pudesse salvar nossa pequena Maya. Foi um momento de agonia pura, onde o medo e a impotência tomaram conta de mim.

A cena do médico saindo do quarto, deixando-me com minha dor e desespero, me tirava a esperança, e tudo o que queria era um milagre que pudesse salvá-la.

Eu estava com 24 semanas e a médica já havia alertado que precisávamos de mais algumas semanas. Quando o médico confirmou que não havia nada a fazer a não ser preparar o centro cirúrgico, senti-me completamente despedaçada, clamando desesperadamente por uma solução que mantivesse Maya viva.

Rodrigo e eu nos apoiávamos mutuamente em nossa dor, segurando um ao outro enquanto enfrentávamos essa terrível realidade. O amor que nos une era a nossa única força naquele momento de absoluta angústia.

É incrível como, muitas vezes, o instinto nos sussurra a verdade antes mesmo de termos uma confirmação oficial. Eu já desconfiava da gravidez, e o teste apenas confirmou minha intuição. Essa é uma daquelas histórias que mostram como a vida pode ser imprevisível e desafiadora.

Os sangramentos, apesar de inicialmente serem considerados normais, logo se tornaram um motivo legítimo para preocupação. E, de repente, eu estava vivendo um pesadelo:

internada no hospital, sangrando abundantemente, sem uma explicação clara para o problema. Foi uma jornada de angústia e incerteza, com a esperança de que tudo acabasse bem.

Mas então veio aquela madrugada terrível, quando o sangramento se intensificou de forma assustadora. Foi um verdadeiro susto, um choque para todos ao meu redor. Mesmo diante daquela situação aterrorizante, parecia em uma espécie de estado de negação, incapaz de aceitar a gravidade da situação. Era como se minha mente se recusasse a acreditar no pior.

Sim, a vida pode mudar tão drasticamente em questão de segundos... mas sua força e sua coragem diante desse momento tão difícil podem ser notáveis. Mesmo em meio à dor e ao desespero, lutei com todas as forças pela vida de minha filha. Isso mostra o tamanho do amor de uma mãe e a grandeza da alma.

CAPÍTULO IV

UMA BATALHA DOLOROSA

Rodrigo

A sequência daqueles momentos permanecerá gravada eternamente em minha memória. Em questão de segundos, um turbilhão de pensamentos invadiu minha mente. O mundo parecia ter parado; um silêncio ensurdecedor tomou conta de tudo. Senti uma dor aguda, como se uma navalha cortasse minha alma. De repente, a realidade me despertou desse transe e a agitação tomou conta do ambiente com enfermeiras, médicos e exames se sucedendo rapidamente. A sentença cruel nos atingiu profundamente — nossa bebê estava prestes a nascer — e um redemoinho de medo, emoção, revolta e esperança começou a girar ao nosso redor.

Vi minha esposa chorar copiosamente e ao mesmo tempo gritar de dor, uma dor imensa, ao saber que a Maya não sobreviveria. Eu ainda perguntei à outra médica, agarrando-me a um fio de esperança: "É possível salvar a bebê?". Clamava em desespero: "Por favor, salvem Maya!". Mas as respostas foram implacáveis. Não havia nada que pudesse ser feito para salvá-la.

Consumido pelo desespero e sentindo o amargo gosto da derrota, acompanhei Paola até o centro cirúrgico, ainda questionando os médicos se não havia realmente nada que pudesse ser feito. Segui minha intuição e corri para buscar a imagem de Nossa Senhora que tínhamos em nosso quarto. Insisti e consegui trazê-la comigo, uma pequena imagem que cabia no bolso, mas que naquele momento parecia imensamente grande e reconfortante.

Quando voltei com a imagem sagrada, Paola sentiu uma forte pressão e avisamos a médica. A Maya começou a nascer. Anestesiaram Paola e eu fiquei lá, consumido pela tristeza em um local que deveria ser de luz e vida. As lágrimas se misturavam ao suor enquanto cavávamos na alma o recanto profundo de um lamento que nunca se aquietaria.

A peridural foi aplicada e começou a angustiante espera pelo nascimento da Maya. Como ela era muito pequena, foi-nos informado que não seria necessário realizar uma cesariana. Mas o parto poderia durar de alguns minutos a várias horas.

Quando finalmente chegou o momento determinado por Deus, acompanhei todo o parto. Vi a Maya se apresentando a este mundo que, invariavelmente, já havia decretado o seu fim. Tão perfeita, tão linda, eu via a vida nascer pela primeira vez diante dos meus olhos. Cabia na palma da minha mão — uma pequena pérola de luz! Fomos abençoados por poder contemplá-la viva, mesmo que por breves minutos, antes de ela retornar à concha de nossa alma.

Como poderia um ser tão perfeito e frágil conter tanto amor? A Maya se mexia, respirava, vivia! Desabei diante da grandiosidade desse momento. A Maya, nossa guerreira, trouxe um lampejo de luz àquela sala sombria.

Segurando-a em meus braços, supliquei aos médicos:

— Por piedade, façam algo, ainda há tempo, ela está viva! Façam uma transfusão, coloquem-na em uma incubadora, permitam que minha filha continue vivendo...

Um dos médicos me respondeu:

— Pai, ela é muito pequena, não temos equipamentos compatíveis, não podemos fazer nada... Vamos esperar o tempo dela.

A Maya pesava apenas 350 gramas. Não havia nenhum procedimento ou equipamento que pudesse intervir para salvar a sua vida. E eu, em um momento de impotente aceitação, um coração partido, enquanto o mundo ao redor parecia desmoronar.

PAOLA

Fui ao centro cirúrgico totalmente atordoada, sentindo apenas a presença alentadora do meu marido ao meu lado. Mas era como se estivesse indo para a guilhotina. Inconformada, inconsolável, impotente.

É indescritível, faltam palavras para expor como foi pegar nossa bebezinha no colo; e eu achava que teria medo de segurar a Maya porque não tinha prática com bebês, com crianças. Mas quando Rodrigo a colocou em meus braços, adquiri esse traquejo instantaneamente. A Maya ficou comigo, aninhando meu amor por ela em todo seu corpinho frágil. Então, a pediatra sugeriu que orássemos, e fizemos. Abraçados, começamos a falar para Maya: "Papai e mamãe te amam muito, nós amamos você, filha, fica em paz, você está com Deus, Deus te abençoe, você é muito amada, você é muito linda, nós te amamos muito".

A Maya nasceu às 10h e partiu às 10h21. No meu colo, ela se foi. Os batimentos do seu coraçãozinho pararam. Tudo parou. Foram os 21 minutos mais dolorosos, pujantes e avassaladores de nossas vidas. Eu e Rodrigo unimos nossas vozes num choro inconsolável e intermitente, num desespero contido, numa saudade de algo que não chegamos a viver.

Depois que a Maya se foi, seu corpinho ficou nas mãos do Rodrigo durante todo o procedimento pós-cirúrgico. Ainda extasiado pela emoção de ser um pai para sempre, ele a alternava entre seu colo e o bercinho dezenas de vezes, procurando extrair de tanta dor um pouco de consolo. Era nossa filhinha ali, e nós a amávamos mais do que tudo.

Decoramos cada parte de seu corpinho; podemos desenhar cada poro, seu narizinho, sua mãozinha, suas costas, seus pezinhos, sua cabecinha. Nos encantamos com tudo que ela nos trouxe em tão pouco tempo. Sentimos uma gratidão imensa pela Maya por nos tornar pais tão amorosos e saudosos dela, pais envelhecidos pela dor, porém mais fortes que rocha.

Ainda no centro cirúrgico, quando tudo acabou, antes de irmos para a sala de recuperação, Rodrigo pediu para todos saírem do local. Ficamos apenas nós três ali. Fizemos uma nova oração, pegamos a Maya no colo, e o corpinho dela já estava gelado, mas ela aquecia nosso coração de amor e saudade pungentes. Ficamos alguns minutos assim, chorando. Depois, seguimos para outra sala.

Não existe dor maior para uma mãe do que passar por um parto e sair do centro cirúrgico sem a sua bebê, com o peito em chamas. As lágrimas não aliviavam meu desgosto.

Foi a primeira despedida de nós, pais, de uma filha. Todos costumam sair do centro cirúrgico com a vida nos braços; nós deixamos nossa alma na sala de parto. E saímos de lá com a nossa solidão.

Após algum tempo na sala de recuperação, voltamos para o quarto, onde encontramos nossa família, todos consternados e profundamente devastados com a situação.

Tudo isso ocorreu em um domingo. Nessa noite, ainda dormimos no hospital. E a alegria de muitos foi mais um fator de desalento para nós, porque passamos a madrugada toda ouvindo o choro de bebês e a sensação que eu tinha é que a Maya também estava chorando, que ela estava procurando por mim, que eu precisava ir buscá-la.

Levantei-me bem cedo, ainda estava com a barriga grande, então passava a mão nela e alguma parte da minha mente me dizia que eu ainda estava grávida, não sei se era alucinação, efeito da anestesia...

— Isso aconteceu mesmo? — perguntei para meu marido.

— Sim, aconteceu, meu amor, infelizmente aconteceu.

Antes de toda a tragédia, havíamos acabado de mudar de quarto. Era um lugar mais espaçoso, com janela, tinha até uma varanda. Eu estava muito feliz, me sentindo confortável, pronta para receber a bebê nos meus braços, confiante. Ainda no dia seguinte, percebi que não tinha nenhuma foto da minha gravidez, o que me fez chorar ainda mais, entre delírios e a realidade. Então, quando me levantei, tirei uma foto da minha barriga, porque durante a gestação não havia conseguido fazer isso por estar sempre deitada. Eu não queria sair da maternidade sem a minha filha, eu não aceitava sair assim — vazia —, e relutei com meu marido, que queria ficar lá, que não queria sair do quarto.

Rodrigo, pelo contrário, estava determinado a encerrar aquele ciclo. Queria sair de lá o mais rápido possível, não aguentava mais aquele ambiente, aquela situação, e foi direto:

— Vamos embora, não temos mais nada a fazer aqui.

Ele estava certo. Estávamos internados na maternidade há 40 dias e íamos sair assim, destruídos, mas precisávamos dar um fim a toda essa situação; não queríamos mais prolongar tanto sofrimento. Então, quando a enfermeira chegou, Rodrigo perguntou imediatamente o que deveria fazer para eu receber alta e a gente deixar o hospital. Ela o orientou a fazer o registro de nascimento e de óbito da Maya, e trazer as certidões para o hospital.

Foi quando começou a burocracia, que afunda ainda mais nossa alma na dor e no desencanto.

O cartório era ali perto, então rapidamente ele se pôs a caminho. E nesse lugar, todos os pais no cartório comemoravam o nascimento de seus bebês, fazendo o registro da maior felicidade de suas vidas, e meu marido ali, numa cadeira fria, pedindo a certidão de nascimento e a de óbito de nossa filhinha.

Questões que nunca se imagina aparecem de paraquedas na sua frente para você resolver, sendo que você está totalmente desestruturado, despedaçado pela dor. Enquanto Rodrigo estava no cartório, a enfermeira entrou no quarto e perguntou:

— O que vocês querem fazer com o corpo?

Como assim? Quem pensaria nisso numa maternidade? Mas precisávamos lidar com isso, não tinha jeito; poderíamos deixar o corpinho da Maya lá ou fazer um enterro como "manda o figurino". Então, Rodrigo e eu decidimos pela segunda opção, não tínhamos condições de deixá-la abandonada (aos nossos olhos) no hospital. Precisávamos providenciar o velório e o enterro.

Pedi para minha mãe nos ajudar com esses trâmites. Ela cuidou de toda burocracia, nos livrou desse pesar; foi um verdadeiro apoio.

E veio outra parte do horror: precisávamos reconhecer o corpo da Maya para a funerária levá-la para o velório. Eu e Rodrigo resolvemos ir juntos ao local onde o corpinho da nossa filha estava. Fomos, lado a lado e devagarzinho, atravessando um corredor frio, escuro, até chegar numa sala gélida.

Eu havia acabado de realizar um parto e tinha tomado um monte de remédios, ainda estava inchada, dolorida, machucada, mas não havia dor física ou emocional que me impediria de ir com meu marido reconhecer o corpo de nossa filha. E quando puxaram o saco preto de uma espécie de congelador... nossos corações pararam imediatamente.

Esse saco estava com uma etiqueta com o meu nome. Abrimos e vimos a Maya dentro dele. Antes de colocarem o corpinho da Maya num caixãozinho, Rodrigo pediu para todo mundo sair da sala, e ficamos somente nós três ali. Arrumamos a Maya, colocamos uma toquinha nela, a deixamos a mais bonitinha que pudemos, nos despedimos novamente e liberamos sua saída para o cemitério.

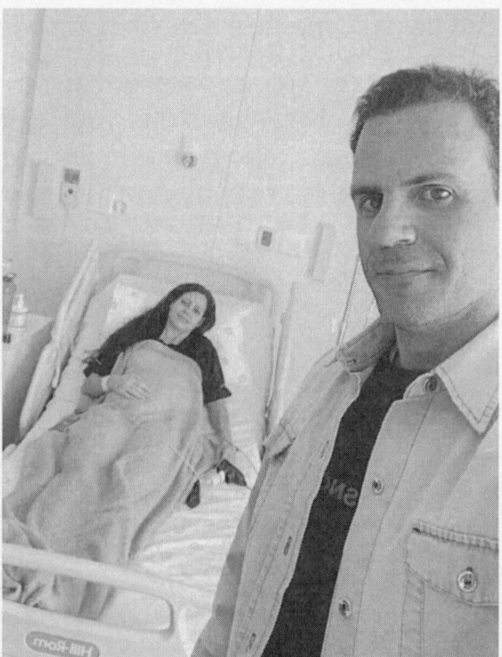

Foto tirada um dia antes da Maya nascer. Internada, Paola estava em repouso absoluto na tentativa de segurar a gravidez

CAPÍTULO V

ABELHINHA

Paola

É claro que nos dias que se seguiram, uma profunda tristeza tomou conta de nós. Rodrigo pretendia fechar nosso apartamento em Balneário Camboriú antes de tudo isso, mas então decidimos voltar para lá, duas semanas depois que a médica me liberou após o retorno da consulta. Optamos por ficar um tempo sozinhos, apenas nós dois; passar esse luto em contato com a natureza, com a praia, ficar longe de todos. Porque nessas horas todos querem ajudar, nos animar, se preocupam conosco, mas há momentos em que você não quer conversar, dar explicações, não quer que se preocupem com você. Você quer ficar quieta, em silêncio, reservada.

Confesso que até tudo isso acontecer, eu não havia parado conscientemente para me dar atenção. Para deixar aflorar meus sentimentos, para mergulhar dentro de mim mesma, fazer essa viagem do autoconhecimento. E a cidade praiana foi o local perfeito para essa imersão, para esse reencontro, para recarregar minha energia novamente.

Nós acordávamos cedo e íamos caminhar na praia. Voltei a focar em exercícios, mas não era nem de perto na forma como treinava para os campeonatos. E comecei a me conectar com meu lado espiritual, reativei minha fé: eu conversava com Deus e fazia minhas orações. Comecei a me escutar mais, a ouvir melhor minhas emoções, a me respeitar mais... Então, nos dias em que estava mais triste, eu dizia a Ele o meu clamor, e deixava fluir esse sentimento sem me julgar ou impor limites.

Admiti que tinha passado por uma situação muito pesada, muito avassaladora, e eu precisava me reconstruir, assim como Rodrigo. E nós respeitamos esse processo, nos olhávamos com carinho, com admiração, como verdadeiros parceiros de todas as jornadas.

Nos piores dias, havia o mar para nos consolar e o barulho das ondas fazia nosso coração serenar por algum tempo.

O tempo passou; nossa alma foi cicatrizando. Nossa vida seguiu seu rumo e o nosso propósito de ter outro bebê se fortaleceu novamente. Como eu sempre fui muito certinha com a minha menstruação, naquele mês houve atraso e eu já desconfiei que vinha novidade.

Comprei o teste na farmácia, mas deu negativo. Mesmo assim, resolvi insistir, porque tinha certeza que estava grávida. Rodrigo, talvez pressentindo também a minha gravidez, fez com que voltássemos à farmácia para comprar outro teste. Nesse novo teste, ainda ficamos com dúvidas, porque o resultado não ficou muito evidente.

Comentei com a atendente da farmácia o resultado que havia aparecido e ela assegurou que era positivo, sim. Mesmo assim, me aconselhou a fazer o teste mais uma vez para confirmar.

Nessa terceira tentativa, veio o resultado claro e evidente: seis meses depois de todo o acontecimento com a Maya, eu estava grávida novamente! Ficamos super felizes, nosso sonho de constituir uma família estava mais vivo do que nunca e tanto Rodrigo quanto eu nos sentimos renovados, motivados, animados para passar por todo esse processo novamente. Nosso ideal sempre foi ter dois ou três filhos, então estávamos a caminho do nosso sonho.

Dessa vez, a gravidez foi tranquila: não tive enjoos, dores de cabeça, não passei mal e, o mais importante, não tive sangramentos como a vez anterior, apenas muito sono nos primeiros meses. Eu me poupei de fazer atividade física pelas complicações que tivera na gravidez da Maya e, além do mais, sabia que não seriam nove meses que iriam mudar minha vida. Então não quis forçar e me dediquei a fazer tudo de melhor pela saúde da bebê, especialmente quanto à alimentação saudável.

Nesse tempo, sentimos em nossos corações que o melhor seria voltar para São Paulo, pois a cidade oferecia mais recursos, nossa família morava lá, toda a rede de apoio que iríamos precisar estaria presente. Então conversamos e já começamos a tomar as providências para realizar a mudança: vendemos muita coisa, devolvemos o apartamento, fizemos toda a logística acontecer.

Já em São Paulo, fiz o primeiro ultrassom morfológico da Mel com um médico conhecido nosso, expert no assunto, referência em ultrassom neonatal. De novo, era uma menina! Porém, nesse exame, ele desconfiou do tamanho do cérebro da bebê; achou que estava um pouco desproporcional. Ele perguntou se alguém nas nossas famílias tinha essas características, mas respondemos que não.

Tudo começou com esse ultrassom, com três meses de gravidez. Era para ser uma consulta normal ao médico, para darmos início ao pré-natal. Mas não imaginávamos que estávamos entrando num verdadeiro ciclone.

Mal havíamos nos restabelecido do caso da Maya, e foi como se outra bomba tivesse sido jogada no nosso colo...

Nossa bebê provavelmente teria a Síndrome de Patau.

O médico nos deu um documento para assinarmos e deixou claro que poderíamos interromper a gravidez a qualquer momento, munidos daquela declaração. "Jamais vamos fazer isso", respondemos juntos. Pois, passado o susto com a notícia, eu e Rodrigo já tínhamos decidido: "Vamos enfrentar".

Nossa segunda filha! O medo de passarmos pelo mesmo sofrimento que tivemos com a Maya não nos desmobilizou; encontrei em Rodrigo a mesma força e determinação que brotavam em mim. Mas havíamos sido alertados: os bebês com esse tipo de síndrome não sobrevivem; há muitas dúvidas e questões sobre isso porque é uma síndrome muito rara.

A partir daí, a gestação da Mel foi psicologicamente muito difícil. Ficamos bastante reclusos, fechados em nós mesmos. Precisávamos desse tempo para entender o que de fato estava acontecendo.

Ninguém soube que eu estava grávida. Também me afastei das redes sociais e passei a trabalhar com o mercado financeiro, no modelo home office. Esse isolamento foi adequado, pois nos protegeu de qualquer tipo de exposição desnecessária. Era um momento para nos concentrarmos na situação que estávamos enfrentando, então construímos uma muralha ao nosso redor.

Os exames genéticos, por exemplo, levavam de 20 a 30 dias para retornarem com os resultados, e essa espera foi assustadora. No entanto, esse isolamento foi benéfico, pois eu e Rodrigo conversávamos muito, descobrindo aos poucos o que de fato aconteceria, entendendo o que a Mel realmente tinha. Rodrigo percebeu que eu e a Mel precisaríamos muito dele, e que não era hora de enfraquecer ou desesperar. Uma força imensa me arrebatou, dando-me a certeza de que superaríamos qualquer desafio, pois estávamos unidos e mais determinados do que nunca.

Estou convicta de que essa mudança de mentalidade aliviou muito a carga que carregávamos; ao final, já estávamos aproveitando a gestação. A cada ultrassom, Rodrigo pedia para ver o rostinho da Mel, mas ela estava sempre com a mãozinha ou o pezinho cobrindo o rosto; a malandrinha se escondeu de nós até o final!

Como sempre fui magra, não ganhei muito peso durante a gravidez, e cada vez que saíamos, eu simplesmente colocava uma camiseta com uma legging e ninguém percebia que eu estava grávida. Minha barriga demorou a aparecer. Ainda com as memórias vívidas do que passamos com a Maya, eu não queria interagir com as pessoas, ter que responder perguntas ou contar o que estava acontecendo, que o prognóstico era ruim, que nossa filha poderia não sobreviver... eu não desejava expor essa situação a ninguém.

Entretanto, com sete meses, comentei com minha médica que gostaria de fazer pelo menos uma caminhada, pois sentia falta de me exercitar. Ela me incentivou, reforçando que isso seria muito bom para mim. E então, surpreendentemente, retornei às atividades físicas. Ia à academia do nosso condomínio com minha barriga aparente, e as pessoas começaram a perguntar sobre a gravidez, nos parabenizando e transmitindo uma energia muito positiva, o que começou a me fazer muito bem. Foi o início de minha transformação! Pensei: "Sabe de uma coisa? Estou grávida, sim, e vou curtir essa experiência da melhor maneira possível, vou parar de me esconder!". Daí em diante, até o final da gravidez, continuei com as atividades físicas (nada muito pesado): fiz musculação, alongamentos, tudo que eu gostava. E isso só me fez bem. Recebi muitos elogios, todos dizendo que eu estava linda, grávida; minha autoestima se recuperou, e comecei a falar da Mel com muito carinho, sem entrar em detalhes sobre a síndrome, mas aproveitando cada elogio e cada vibração positiva que recebia.

Também passeava pela área arborizada do condomínio, conversava muito com Deus, pedindo pela vida da nossa filha, por saúde, falando do nosso amor por ela, que ela ficasse conosco. Eu falava com a Mel, acariciava minha barriga, deixando claro o quanto ela já era amada e esperada, e o quanto queríamos que ela ficasse conosco, que sentisse o nosso amor.

Quantas pessoas gostariam de passar por uma gestação, quantas gostariam de ter essa oportunidade? Então, eu só tinha que me orgulhar! Orgulhava-me de poder gerar uma vida e agradecia a Deus por essa oportunidade, por essa experiência. Eu havia invertido os sentimentos; em vez de ficar chateada, preocupada, triste, comecei a me sentir grata, alegre, realizada por ter todas as sensações que uma mulher grávida pode ter! Assim, comecei a usufruir da minha condição: aproveitar todos os lugares preferenciais, exibir meu barrigão, esbanjar disposição e ânimo por onde passava.

Ter controle emocional é fundamental para todos os momentos. Quando somos capazes de gerenciar nossas emoções de maneira eficaz, podemos lidar melhor com situações estressantes, resolver conflitos de forma construtiva e manter relacionamentos saudáveis. Além disso, o controle emocional nos permite tomar decisões mais ponderadas e assertivas, reduzindo a impulsividade e aumentando nossa capacidade de enfrentar desafios com calma e clareza de pensamento. Ao cultivarmos o controle emocional, desenvolvemos uma maior resiliência e capacidade de adaptação às adversidades da vida, promovendo uma sensação de equilíbrio e bem-estar duradouros.

Escolher o lado bom de tudo que nos acontece: isso foi um aprendizado para nós dois. Temos o poder de escolher de que lado da força queremos estar; não é um diagnóstico ruim que nos impede de ver algo positivo em todas as situações. Acredito que esse aprendizado nos fortalece até hoje, em todos os momentos e circunstâncias difíceis que já passamos e que contamos para você neste livro.

Programamos até um ensaio fotográfico. Com a Maya não deu tempo de fazer, mas com a Mel, decidimos não perder essa chance. Procuramos uma fotógrafa, fiz toda a produção, maquiagem, looks, tudo a que tinha direito, e ficou muito bom. As fotos ficaram lindas, valeu a pena! É um registro de um momento de intensa e incomparável felicidade! Aconselho todas as mães a fazerem, do jeito que for, como puderem, porque é maravilhoso! E, para não desperdiçar a maquiagem e todo o look, Rodrigo e eu fomos em seguida a um restaurante bem chique (por coincidência, era nosso aniversário de casamento também) e comemoramos muito nosso amor, nossa união e nossa segunda gravidez.

Depois de atravessarmos os nove meses com o coração na mão, cheios de aprendizados e descobertas, em 17 de dezembro de 2022, nossa querida Mel nasceu.

Nesse dia, estávamos acompanhados de nossa família no hospital, todos absolutamente ansiosos.

Entrei em trabalho de parto um pouco antes do horário marcado para a cesariana. Quando cheguei ao centro cirúrgico, percebi que os médicos tentavam me descontrair, falando sobre assuntos diversos, mas eu já estava alheia a tudo. Meu pensamento estava focado na Mel. O que iria acontecer?

Na verdade, não foi um parto fácil: a bebê estava pélvica, sentadinha, com os braços para cima. O médico até brincou, dizendo que ela parecia uma bailarina. Mas, com muita fé e habilidade dele, deu tudo certo. Assim que a Mel nasceu, angustiada, pedi para que a pusessem sobre mim; queria vê-la, beijá-la, sentir minha filhinha. Mas só pude ver a bebê rapidamente, pois logo a levaram para outra sala.

E como eu não ouvi o choro da minha filha, isso me apavorou muito.

Rodrigo

Poucos meses antes, quando o médico nos informou sobre o resultado do primeiro ultrassom, meus pensamentos foram os mais sombrios possíveis: "Vamos passar por uma nova tempestade!". Cheguei em casa naquele dia, sentei no chão e chorei desconsoladamente, questionando por que isso estava acontecendo conosco de novo, logo após termos perdido a Maya. Mas apesar desse impacto inicial, em nenhum momento pensei em desistir.

Começamos nossa jornada em busca de informações pela internet, sites e pesquisas gerais. O pouco que encontramos era tão incipiente que percebemos que teríamos que fazer nosso próprio caminho ao lado da Mel.

A Síndrome de Patau, ou trissomia 13, é uma síndrome genética que ocorre quando o indivíduo nasce com algumas ou todas as células do corpo contendo uma cópia extra (três, em vez de duas) do cromossomo 13. Os bebês afetados geralmente apresentam deficiências intelectuais severas, defeitos cardíacos significativos e anormalidades cerebrais, renais e craniofaciais, como microcefalia e lábios fendidos. Devido à gravidade dessas complicações, a expectativa de vida para muitos bebês é bastante limitada.

O diagnóstico é geralmente feito através de testes genéticos e exames de imagem que identificam anormalidades físicas e cromossômicas. O tratamento depende da gravidade dos sintomas e geralmente envolve uma equipe multidisciplinar de profissionais da saúde.

Havia uma grande chance de que a Mel não sobrevivesse nem mesmo ao parto. No entanto, decidimos enfrentar a gestação. Não pensamos em desistir nem por um segundo, apesar de saber quão difícil havia sido a experiência com a Maya. Estávamos prontos para mudar de perspectiva, não adiantava ficar com medo ou lamentar o que poderia acontecer novamente. Seguiríamos em frente, mais fortes e seguros de que superaríamos mais essa batalha.

Agora, no centro cirúrgico, enfrentamos um novo desafio. Estava com a Paola na sala quando vi a Mel nascer. Essa cena indescritível permanece em minha mente como se tivesse sido envolvido por uma onda avassaladora de amor. Mas nossa bebê nasceu quietinha, sem chorar, o que me fez questionar: "Será que vai dar certo? Por que ela não chorou? O que vai acontecer?". Os médicos haviam nos alertado para esperar o pior, então eu me apegava a cada pequeno detalhe para manter a esperança. Alguns minutos depois, escutei a Mel chorar um pouco, o que aliviou minha angústia.

Ela foi levada para a sala de observação enquanto Paola passava pelos procedimentos pós-parto. Minha esposa estava exausta, emocional e fisicamente. Não sei quanto tempo passou, mas para ela, devia parecer uma eternidade. Pedia insistentemente por notícias da Mel; a espera era insuportável. Finalmente, uma médica informou que nossa filha estava bem, o que a aliviou um pouco, mas a angústia continuava a consumi-la.

Enquanto Paola enfrentava a agonia da espera, eu estava na sala de observação com a Mel. Ela estava lá, pequenininha, com uma máscara de oxigênio, chorando muito. Já haviam colocado uma touca nela e aplicado tinta preta em seus pezinhos para a identificação no prontuário do hospital. Em seguida, apoiaram os pezinhos no meu braço; guardei a foto deste momento, que foi muito emocionante para mim. Fiquei um tempinho ali com a Mel, até que me informaram que ela seria levada para a UTI, e então retornei para a sala de parto, ao lado de minha esposa.

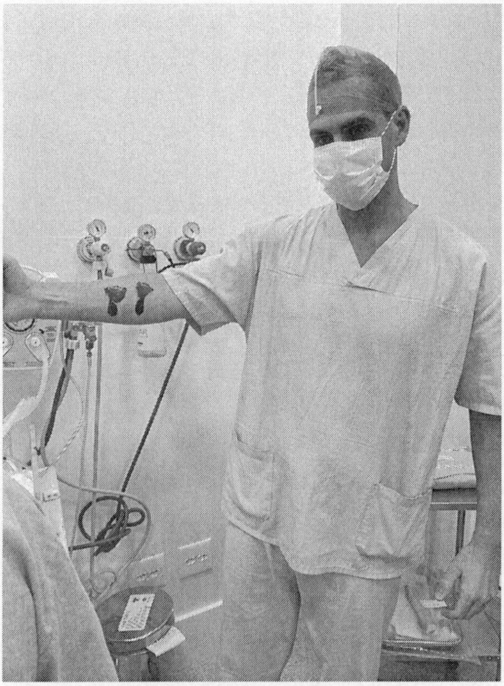

Minutos após o nascimento da Mel

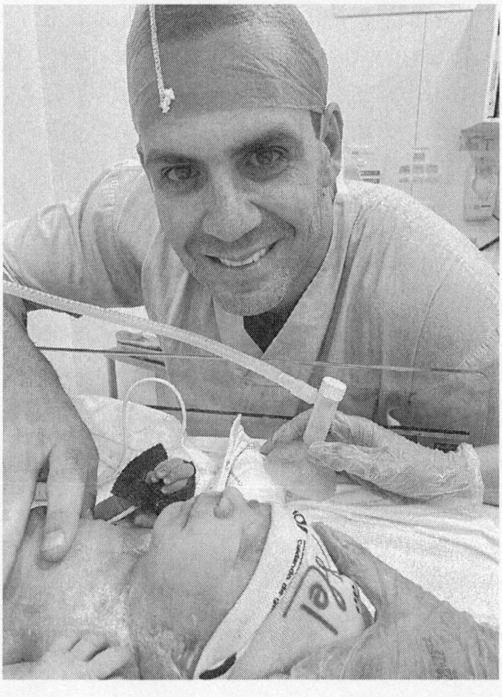

Rodrigo e Mel em um breve momento antes dela ser levada para a UTI

Cerca de 40 minutos depois, fui chamado na UTI. Deixei Paola com nossa família no quarto e subi correndo pelas escadas, do térreo até o 6º andar, impulsionado por uma mistura de ansiedade e desespero. Uma enfermeira imediatamente veio ao meu encontro, pedindo que eu me acalmasse. Pude tocar nossa filha através da abertura lateral da incubadora. Ela chorava de forma incessante, e as lágrimas caíam diretamente em meu coração.

Minha vida parou por segundos até que a médica responsável pela UTI me sentou e conversou comigo calmamente, tranquilizando-me que a Mel estava bem naquele momento e que tudo seria feito para mantê-la assim. Aprendi a observar o monitor cardíaco e outros indicadores. A Mel estava viva, e eu voltei ao quarto para tranquilizar Paola e nossa família, informando sobre a estabilidade dela e que a pequena respirava sem intubação. Todos no quarto explodiram em alegria e alívio.

A partir daí, passamos por uma montanha-russa de emoções. Era uma luta, todos os dias, enfrentando novos desafios e aprendendo a linguagem médica da UTI. Era difícil ir embora, sentíamos como se estivéssemos abandonando nossa filha. As noites eram passadas em tristeza e impotência, com medo do que poderia acontecer na nossa ausência. Desenvolvemos um controle emocional extraordinário, necessário para enfrentar cada novo dia.

Após Paola receber alta, decidimos alugar um apartamento perto do hospital para reduzir o estresse do trânsito e estar mais próximos da Mel. Cada dia era um desafio, mas estávamos determinados a lutar por nossa filha. A presença e o toque, mesmo que breves, nos momentos que passávamos com ela na UTI, eram nossos momentos de fortalecimento e esperança.

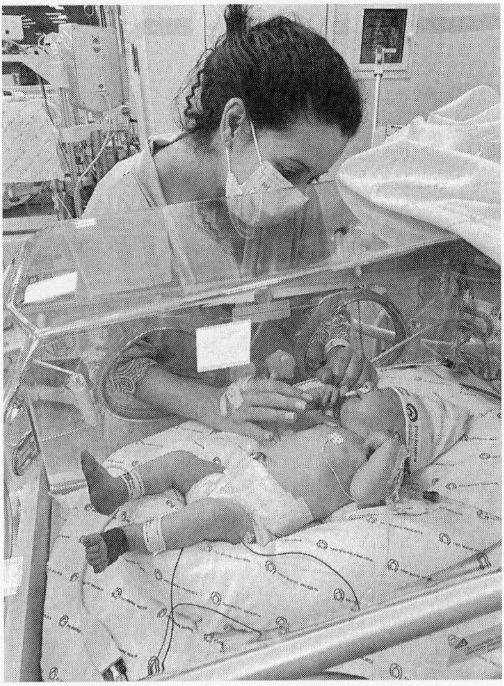

Primeiro encontro entre mãe e filha

CAPÍTULO VI

POR DENTRO DA UTI NEONATAL E PEDIÁTRICA

RODRIGO

Houve dias em que Paola chegava bem, logo pela manhã, fazia sua oração e estava até empolgada porque a Mel tinha passado uma noite estável. Isso me deixava animado. "Vamos para frente, vai dar tudo certo!", dizia ela. Mas então, vinha um golpe duro. Alguma coisa na Mel precisava de mais cuidados, mais atenção. Nossa filha tinha malformações nos sistemas nervoso, cardíaco e urinário, além de problemas respiratórios e dificuldades abdominais. Era sempre um exame com resultado alterado ou algum desequilíbrio inesperado. Isso fazia com que a maioria dos dias fosse agoniante. E nós, como pais, tentávamos nos manter firmes, presentes e positivos. Mas sempre que resolvíamos um problema, aparecia outro. Parecia que o destino nos testava.

Certa vez, conversamos com três médicas na mesma semana. Todas concordaram: o caso da Mel era grave, ela estava com problemas no coração, nos rins e no fígado. Eu sentia que os médicos sempre nos preparavam para o pior. Era como se, nas entrelinhas, nos dissessem que a medicina não tinha muito o que fazer, então o objetivo era manter a Mel confortável e... esperar. Uma médica até nos disse que nunca tinha visto um final feliz para bebês como a Mel, sugerindo que pensássemos em como proceder, como se tudo já estivesse prestes a terminar.

Em alguns momentos, o choro era inevitável. Afinal, não somos de ferro. Fomos aconselhados a buscar apoio psicológico, algo que realmente não tínhamos. E os discursos eram sempre os mesmos: "Não vai dar certo, preparem-se para o sofrimento". Uma tortura diária. É claro que eles tinham boas intenções, mas para nós, pais lutando incansavelmente pela vida da Mel, isso não nos fortalecia.

Nos apegamos muito a Deus. Ele sempre foi nossa fortaleza. Desde que enfrentamos o câncer da Paola, percebemos que em Deus podemos confiar nossas almas. Pois, pelos médicos, aos quase quatro meses de vida da Mel, tudo já estava determinado, era só uma questão de tempo.

Mas nós, como pais, nunca aceitamos essa perspectiva. Não baixamos a guarda e não perdemos a fé de que um dia levaríamos a Mel para casa. Acreditávamos piamente nisso, e nossa luta foi intensa: com os médicos, com o nosso estado psicológico, com o desânimo que nos rondava, com o conformismo que domina esses casos difíceis. Para nós, foi sempre uma luta constante.

Confesso que passei uma semana muito mal, abatido pelo negativismo e pelo sofrimento que corroía minha alma, meu corpo, meu emocional. Às vezes saía de perto da Paola, ia até uma escada afastada da UTI, sentava-me lá sozinho e chorava. Até que Paola notou o que estava acontecendo e me confrontou:

— Eu preciso de você! Você não pode ficar fraco, porque então eu também ficarei fraca! Preciso da sua força, você tem que se manter firme comigo, porque senão eu também cairei e ninguém conseguirá me levantar!

Foi como um banho gelado. Naquele momento, me recompus, determinado a lutar. "É mais um dia, vamos para cima!" E assim, foi; a cada dia lutávamos, decididos a superar qualquer problema.

É importante dizer que o apoio entre um casal desempenha um papel crucial no fortalecimento do relacionamento em vários momentos, e especialmente, esses que passamos. Quando um parceiro enfrenta desafios emocionais como estresse, ansiedade ou depressão, isso pode se tornar visível. O apoio mútuo consegue oferecer conforto, compreensão e encorajamento, criando uma redoma de segurança e confiança. Ao compartilhar suas preocupações e sentimentos de forma aberta e respeitosa, o casal fortalece sua conexão emocional e os laços afetivos. O apoio psicológico mútuo não apenas fortalece o vínculo entre o casal, mas também os capacita a enfrentar os desafios da vida juntos.

Não havia caminho fácil nesta situação, pois era um processo de muito sofrimento para a Mel e para nós. O nosso cérebro está sempre condicionado a tomar as melhores decisões, porém, no momento em que estávamos, só podíamos depender da medicina. E era no sofrimento que tentávamos tornar nossas mentes mais fortes a cada dia. Assim, nos moldávamos.

Mesmo muito abalado e exausto, eu, como pai, não pude me dar ao luxo de descansar nem por um dia. Cada momento era crucial, cada decisão podia fazer a diferença. A responsabilidade pesava sobre meus ombros como uma montanha, mas eu não podia mais ceder, fraquejar.

Era uma responsabilidade intransferível, uma dedicação ininterrupta. Viver naquela realidade significava um exercício constante de resiliência e esperança. Cada sorriso de minha filha, cada pequeno progresso, alimentava minha força e minha determinação de continuar.

A luta diária, o sofrimento incessante, a presença constante no hospital se tornaram a nossa rotina. A dor da incerteza era esmagadora, mas o amor e a dedicação eram ainda maiores.

Os dias foram passando e quando a Mel estava prestes a completar quatro meses, decidimos celebrar a tradição da UTI: prender balões, escrever mensagens e amarrá-los na incubadora para um pequeno *mesversário*. Nesse dia, os avós vieram visitar a netinha. Compramos um balão personalizado com o nome da nossa filhinha, adicionando duas abelhinhas porque esse era o apelido da Mel, dado por uma enfermeira e que gostamos. Também compramos uma roupinha especial de abelhinha, pois aos quatro meses, já conseguíamos vesti-la. Ela havia sido "promovida" da incubadora para um berço, era mais uma conquista da nossa guerreirinha.

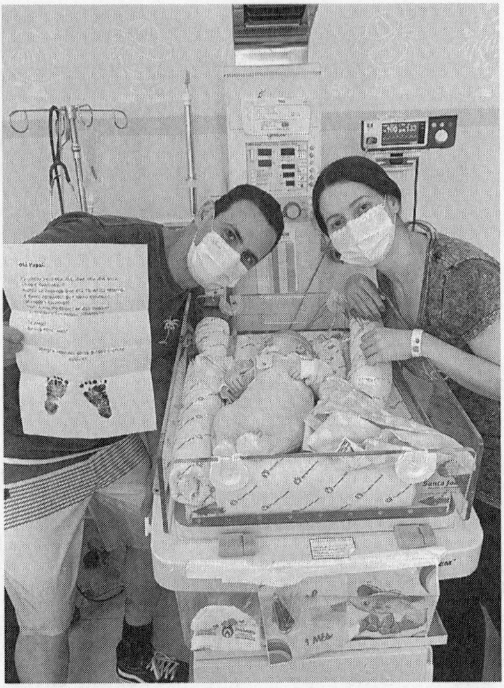

Aniversário do papai com direito a um presente especial da Mel, uma cartinha com os pezinhos marcados

Mas a vida não é perfeita, e no meio dessa celebração, a médica-chefe da UTI Neonatal me procurou novamente para discutir a questão da ajuda psicológica.

— Seria bom vocês considerarem fazer terapia de casal, dado o quão difícil e pesado é o caso de vocês. Vocês também precisam de suporte, pois estão sempre apoiando a Mel, mas quem está dando apoio a vocês? Às vezes a família consegue se sustentar, mas vocês precisam pensar em receber carinho e apoio também. Pensem nisso, pois vocês precisam estar preparados, algo pode acontecer...

Perguntamos se havia algum novo problema com a Mel naquele dia. Ela explicou que não, mas que o caso poderia tomar um rumo negativo e que talvez chegasse o momento de discutir até que ponto valeria a pena manter a Mel viva, considerando seu bem-estar.

Paola respondeu prontamente:

— Doutora, se eu começar a pensar no que vai acontecer amanhã, não conseguirei suportar. Preciso focar no hoje. E hoje está tudo bem!

E assim resistimos, remando contra a maré a cada minuto. Por um lado, compreendíamos que os médicos estavam expressando um raciocínio lógico — a síndrome da Mel é realmente rara e geralmente leva a óbito, com pouquíssimos casos de crianças que vivem mais de um ano. Mas se nos apegássemos apenas a isso, como poderíamos continuar? Nas nossas mentes, a estratégia era clara: focar no presente. E o hoje, naquele dia, mostrava que a Mel estava resistindo: seu coração estava funcionando bem, seus rins também; ela estava estável no ventilador respiratório.

Uma médica, em outra ocasião, perguntou sobre o estado da Mel, e nossa filha havia acabado de apresentar uma queda de saturação[4]. Respondi com esperança de que conseguiríamos levar a Mel para casa, superando todas as dificuldades. A médica então comentou:

— É, se vocês não tiverem esperança, quem vai ter? Está certo!

E assim, passamos as horas enfrentando a rotina de procedimentos na UTI, onde especialistas avaliavam e reavaliavam diariamente o estado da Mel: coração, rins, fígado, estômago, medicamentos... Tudo era objeto de análises detalhadas.

Por vezes, três ou quatro médicos nos procuravam, suas expressões carregadas de preocupação sinalizando mais desafios e problemas. No entanto, eu e Paola continuávamos concordando que não adiantava nos penalizarmos com as previsões pessimistas. Se assim o fizéssemos, nos privaríamos dos bons momentos: o sorriso da Mel, seu rostinho perfeito, suas risadinhas ocasionais, até mesmo seu choro suave... Ela sempre foi muito linda, e decidimos aproveitar

4 Queda de saturação refere-se à diminuição dos níveis de saturação de oxigênio no sangue, indicados como uma porcentagem da hemoglobina que está ligada ao oxigênio. Normalmente, a saturação de oxigênio em uma pessoa saudável é entre 95% e 100%. Quando esses níveis caem abaixo do normal, pode ser um sinal de que o corpo não está recebendo oxigênio suficiente, o que pode ocorrer por várias razões, incluindo problemas respiratórios, doenças cardíacas, ou obstruções nas vias aéreas.

esses momentos com intensidade para bloquear o desânimo típico do cotidiano na UTI.

Nesse período, após quatro meses, tivemos momentos de reflexão sobre nossas vidas. Paola passava os dias na UTI, sem condições de se cuidar ou fazer terapia. Além do cansativo trajeto de ida e volta, começamos a questionar o que aconteceria conosco se a situação se agravasse, caso o desfecho fosse o pior possível. Isso certamente passava por nossas cabeças.

Logo cedo, Paola conversava com os médicos para saber como a Mel havia passado a noite e o que seria feito naquele dia. Em seguida, vinha a fisioterapeuta para trabalhar com a Mel, depois a fonoaudióloga, e a Mel era alimentada. Após o almoço, sempre havia exames a fazer e mais conversas com especialistas. Não havia um instante de sossego.

É importante ressaltar que, mesmo que quiséssemos marcar algum compromisso, como uma sessão de terapia, por exemplo, seria difícil cumprir. Eu tinha que trabalhar, e todo o tempo livre era dedicado a estar na UTI. Se marcássemos algo e naquele horário a Mel tivesse uma queda de saturação ou um médico quisesse discutir um novo diagnóstico, o compromisso seria automaticamente cancelado. Priorizávamos estar ao lado da Mel, disponíveis para ela 24 horas por dia, todos os dias.

Sempre que ia para alguma reunião, tentava ausentar-me o mínimo possível para estar ao lado da Paola no hospital. Era uma questão de entrega total. Ser mãe e ser pai é, por si só, uma entrega, mas no nosso caso, essa entrega era ainda mais intensa porque vivíamos em um ambiente de UTI com bebês, muitos dos quais corriam risco de vida. Era um ambiente pesado e tenso, e no caso de nossa filha, as condições eram ainda mais extremas.

Tivemos nossos momentos de tristeza, sim, apesar da capa de super-heróis que vestíamos por necessidade. Mas também vivenciamos momentos de irritação e frustração, porque o processo era muito lento, e tínhamos urgência para que algo fosse feito para melhorar a condição da Mel.

Por exemplo, ela precisava realizar uma cirurgia chamada gastrostomia[5], e não conseguíamos agendar esse procedimento. Uma hora surgia uma infecção, outra hora outro problema que impedia a realização da cirurgia. A Mel foi acometida de ascite[6], um acúmulo de líquido que contém proteínas no abdômen. Sua barriguinha estava bastante volumosa, e não conseguíamos resolver esse problema para realizar a cirurgia no estômago. A equipe médica tentava de tudo: mudaram o leite da alimentação, mas tínhamos que esperar alguns dias para verificar o efeito. Após esse período, constatávamos que não havia resultado. Então, esperávamos por outras respostas, por outros caminhos.

A médica mencionou que a ascite poderia ser causada pela síndrome. Ok, mas e então, o que poderíamos fazer? Essa resposta não chegava e nós ficávamos frustrados. Se era causado pela síndrome, iríamos deixar como estava? Não havia alternativa? Experimentar outro tipo de leite? Tínhamos muitas perguntas e buscávamos as respostas. Mas deixamos claro que lutaríamos até o fim para resolver cada contratempo que surgisse. Tivemos que ser assertivos: pedimos um leite mais diluído, já que ela estava com dificuldade para metabolizar a gordura.

Nosso esforço mental ali era uma condição de sobrevivência, mas nem sempre conseguíamos controlar a irritação.

Outra situação que causava irritação era presenciar a alta de bebês que haviam chegado depois da Mel na UTI. Isso foi o gatilho para começar a questionar: "Aquele bebê teve alta, aquele outro também, eles chegaram depois da Mel, eu achava que um mês na UTI era muito tempo e... ops! Estamos aqui há quatro meses!". Isso deixava Paola muito emocionada e chateada, não pelos bebês que, graças a Deus, tiveram alta, mas pela situação da nossa Mel, que parecia não evoluir, que não conseguíamos avançar. Parecia que tudo estava estagnado, a Mel com ascite, precisando

5 A gastrostomia é um procedimento médico que envolve a criação de uma abertura (estoma) através da parede abdominal diretamente até o estômago. Essa abertura permite a inserção de um tubo de alimentação, que é utilizado para fornecer nutrição diretamente ao estômago de pacientes.

6 Ascite é o acúmulo anormal de líquido na cavidade abdominal, entre os tecidos que revestem o abdômen e os órgãos internos. Os sintomas de ascite incluem inchaço abdominal, desconforto e dificuldade respiratória.

de cirurgia... nada se resolvia, assemelhava-se a uma patinação constante, que estávamos enxugando gelo, tapando um buraco aqui para surgir outro ali.

Por isso insisto que manter a mente positiva é a única saída para manter o equilíbrio. Essa situação na UTI que surgiu aos quatro meses da Mel era um reflexo também do nosso esgotamento mental, físico e do contexto diário em que estávamos inseridos. Não havia alívio para nós. E manter a mente positiva envolve cultivar pensamentos otimistas, praticar a gratidão diária, focar no presente e em soluções, incorporar atividades que tragam alegria e bem-estar, como exercícios físicos, meditação ou hobbies. Só que como poderíamos fazer isso? Só tínhamos como buscar o apoio da nossa família e desenvolver uma atitude de autoaceitação e autocompaixão diante dos desafios que enfrentávamos. Só assim foi possível fortalecer a resiliência emocional e enfrentar aqueles obstáculos com maior equilíbrio e esperança.

E certo dia, durante o almoço, Paola me contou que três médicos novamente alertaram que deveríamos nos preparar para o pior. Isso era constante. Somado a isso, a tristeza de sentir que não estávamos progredindo. Mas eu passei a pensar diferente: "Cada um tem seu tempo, a Mel tem o dela. Não vamos baixar a guarda". Não compararíamos o problema da Mel com o de outros bebês. Não nos deixaríamos afetar pelos prognósticos sombrios. Encararíamos apenas como uma fase. Uma fase que superaríamos, como já havíamos superado tantas outras. Essa fase iria acabar.

Paola

Tanto o medo quanto a fé exigem que acreditemos em algo invisível. O medo se transforma em ansiedade, enquanto a fé se transforma em bem-estar.

Observe as pessoas serenas, felizes e saudáveis; tudo

começa com seus pensamentos. Veja nosso caso, por exemplo. Durante a gravidez, descobrimos a síndrome da Mel. Já havíamos perdido uma filha e agora enfrentávamos a possibilidade de perder outra. Tivemos uma escolha: interromper a gestação ou seguir adiante. Decidimos continuar e, ao invés de lamentar, aproveitamos cada momento da gravidez.

Foi um período de adaptação difícil, mas escolhemos lutar pela Mel. No dia do seu nascimento, apesar da preocupação, decidimos que seria um dia de alegria, uma bênção, a chegada de nossa filha.

Enquanto estávamos no hospital, a maioria das notícias eram negativas. Se eu tivesse me apegado a todas essas notícias, Mel teria partido no dia seguinte. Então, nosso pensamento sempre foi: "Vamos em frente, vai dar certo. Vamos em frente, Mel vai sobreviver. Vamos em frente, essa cirurgia será bem-sucedida. Vamos em frente, ela vai melhorar". E dizíamos tudo isso para ela.

A conversa com Rodrigo foi crucial para mim; redobrei minha confiança e tive certeza de que não ficaríamos na UTI para sempre. Isso tudo era passageiro, precisávamos manter a firmeza e aguardar a tempestade passar. Éramos como comandantes de um navio enfrentando águas turbulentas, mas era essencial mantermos o controle até que a maré se acalmasse.

Durante esse período, a Mel sofreu uma convulsão[7], algo chocante e inesperado para mim. Ela vinha apresentando frequentes quedas de saturação, cujas causas eram desconhecidas, sem ninguém cogitar convulsões. Contudo, um dia a neurologista observou esses episódios e identificou as convulsões. Ela então introduziu um anticonvulsivo na medicação. Dias depois, a Mel teve mais quedas de saturação. Estranhei e questionei a equipe médica sobre o medicamento.

Quero destacar a importância da presença dos pais no

7 Uma convulsão é um episódio súbito de atividade elétrica desordenada no cérebro, que pode resultar em uma variedade de sintomas, incluindo perda de consciência, movimentos involuntários e incontroláveis dos músculos, alterações na percepção sensorial e comportamento anormal.

acompanhamento dos filhos, pois mesmo nos melhores hospitais, não há uma técnica de enfermagem disponível 24 horas por dia ao lado do bebê. Sendo assim, os pais, que estão constantemente observando, desenvolvem uma percepção aguçada e um sexto sentido sobre qualquer anormalidade. No meu caso, estava frequentemente na UTI e tornei-me um verdadeiro radar para detectar problemas.

Naquele dia, minha atenção e equilíbrio foram fundamentais. Durante a troca de plantão das técnicas, percebi a Mel ficando rígida e mudando de cor, de vermelho a roxo intenso, enquanto o monitor disparava com a saturação caindo para 30. Quando a técnica de enfermagem chegou, lembrei das orientações da neurologista sobre os sinais de convulsão. Fiquei observando, sabendo que não adiantaria me desesperar. Quando a médica chegou, confirmou-se a convulsão, apesar da medicação anticonvulsiva, e ainda fui informada de que não era possível aumentar a dosagem devido ao peso da Mel. Só me restava observar. Mas, às vezes, é preciso um pai ou mãe agir como um médico: questionar, alertar, chamar atenção e nunca se contentar.

Houve um caso no hospital que me recordo bem. Era um dia como qualquer outro na UTI, mas eu sentia que algo seria diferente. Observava a Mel com o olhar atento e o coração de mãe sempre alerta. Notei que ela estava puxando o ar com dificuldade, respirando de forma ofegante. Aquela sensação, aquela intuição que só uma mãe tem, começou a pulsar dentro de mim. Naquela manhã, Mel havia feito um raio-X e, apesar de tudo parecer normal aos olhos da equipe médica, eu não conseguia me tranquilizar.

Dirigi-me à médica e disse:

— Doutora, a Mel está esquisita, está respirando diferente, está puxando o ar.

A resposta veio rapidamente:

— Fizemos um raio-X hoje de manhã e estava tudo bem.

Mesmo assim, minha inquietação persistia.

— Não, mas ela está esquisita — repeti. Quando Rodrigo chegou, desabafei: — Rodrigo, a Mel está esquisita. Estou com uma intuição, um sentimento que não está legal.

O dia avançava, e o momento de ir embora se aproximava, mas eu não conseguia me acalmar. Precisávamos ir para casa, pois não podíamos dormir na maternidade, mas eu não me sentia em paz.

Chamei a médica mais duas vezes, insistindo que algo estava errado.

— Doutora, me desculpa, mas estou sentindo muito forte. A Mel não está bem, tem alguma coisa errada. Vamos fazer outro raio-X?

A médica, já impaciente, respondeu:

— Tá bom, Paola, vou fazer só para você ir embora tranquila.

A espera parecia interminável, mas, finalmente, a médica retornou. Com um olhar de admiração e uma leveza no tom, ela disse:

— Caramba, hein, mãe, você estava certa. Fechou o pulmão.

Senti o mundo girar com aquelas palavras. Mel tinha uma condição chamada atelectasia, onde uma parte do pulmão colapsa, dificultando a respiração.

Aquele dia ficou gravado na minha memória. A médica, ao me dar a mão, reconheceu a sabedoria intuitiva que eu, como mãe, tinha: "Paola, que olho, hein? Que bom que você conhece sua filha". Percebi que estar presente na UTI era mais do que uma necessidade física; era um dever emocional. Conhecer cada detalhe, cada sinal, cada respiração de minha filha era vital. Esse episódio reforçou a importância de seguir minha intuição e de ser assertiva, mesmo diante das opiniões médicas.

Com o tempo, entendi que era preciso encontrar um equilíbrio entre a medicina e o instinto materno. Sempre respeitei as opiniões dos médicos, mas também sabia quando era hora de questionar e insistir. Assim, aquele dia na UTI não foi apenas um dia de angústia, mas um dia de aprendizado e confirmação do poder do amor e da intuição. Eu sabia que, às vezes, era preciso ser incisiva, ouvir meu coração e lutar até o fim, sempre com a esperança de um amanhã melhor.

O que ajudava a mim e Rodrigo durante os momentos de irritação e desânimo era realmente estar presente no momento, viver o agora. Sei que muitas pessoas usam essa expressão de forma superficial, mas para nós, tinha um significado profundo. Não se tratava de negligenciar responsabilidades, mas de estarmos concentrados. Frequentemente estamos presentes em físico, mas distraídos, não realmente ouvindo ou vendo as pessoas ao nosso redor porque estávamos preocupados com o futuro ou remoendo o passado.

Nossa realidade naquele momento na UTI era curtir os pequenos sorrisos da Mel, seu sono tranquilo, e celebrar cada pequena melhora e superação diária, sem cair no vitimismo ou remorso. A Mel havia feito as cirurgias necessárias, estava viva.

Desenvolvemos essa estratégia para valorizar nosso presente — que era, sim, um verdadeiro presente. Apesar do prognóstico inicial de que a Mel viveria apenas alguns dias, ali estava ela, lutando ao nosso lado. Assumimos a responsabilidade de enfrentar essa situação diariamente, com plenitude. A Mel estava estável, e essa era a nossa realidade naquele instante; precisávamos apreciar isso totalmente.

Esses pensamentos que rondavam nossa mente, de que algo ruim poderia acontecer a qualquer momento, apenas nos paralisavam e entristeciam. Decidimos, portanto, aproveitar ao máximo todos os momentos com a Mel.

Várias vezes, enquanto estávamos com ela na UTI, não podíamos nos distrair com livros, celular ou televisão. Eu ficava sentada, simplesmente observando nossa filha, concentrada em cada detalhe de seu rosto, seus movimentos e respiração, apreciando o simples fato de ela estar bem naquele instante.

Foi quando, nesse período de quatro meses, sentimos que a Mel precisava de acompanhamento ainda mais intenso. Embora o hospital fosse excelente e estivéssemos profundamente gratos pela dedicação e profissionalismo de todos, percebemos que precisávamos de uma mudança para avançar. Talvez outros especialistas e recursos diferentes pudessem trazer novos resultados.

E um incidente particular catalisou essa decisão. Certa vez, a Mel foi medicada com um remédio muito forte, ficando completamente dopada. Quando questionei a médica sobre o porquê de a Mel não acordar, explicaram que uma dosagem menor a deixaria agitada. Reclamei, solicitando um equilíbrio, pois não era aceitável que ela permanecesse constantemente sedada. A resposta de que ajustariam a dose para que eu "pudesse curtir um pouco a bebê" não me agradou. Sentia que estavam desistindo da Mel enquanto eu e Rodrigo lutávamos fervorosamente. Nunca deixamos de acreditar na sua recuperação.

Foi então que ouvimos falar de outro hospital, em São Paulo, por meio de outra mãe cuja experiência foi muito positiva. Por que não tentar a transferência?

Antes de tomar qualquer decisão, conversei com Rodrigo e decidi buscar uma confirmação de Deus. No meu cantinho habitual nas escadas do hospital, orei por orientação. Assim que retornei, uma técnica de enfermagem que trabalhava em outro setor, mas que também conhecia a Mel, veio falar comigo. Ela me deu a confirmação que sim, deveríamos seguir com a transferência da Mel. Essa foi uma experiência muito marcante, pois logo após a minha conversa com Deus, a resposta veio em questão de minutos. E essa resposta me fez ter esperança de que daria tudo certo.

Ao chegarmos no novo hospital, a Mel foi submetida a uma série de exames. Pela primeira vez desde a sua nova internação, pude segurá-la em meus braços, um momento que o hospital anterior raramente permitia. Diversos especialistas vieram avaliá-la, proporcionando uma abordagem mais focada e detalhada sobre seu estado.

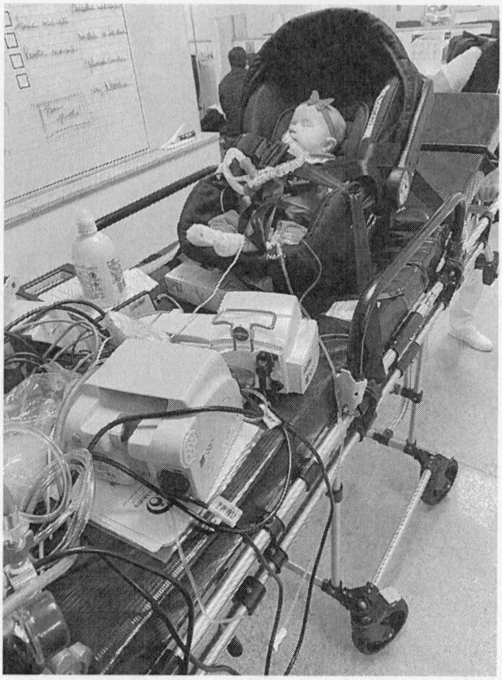

Mel sendo transferida da UTI Neonatal para a UTI Pediátrica

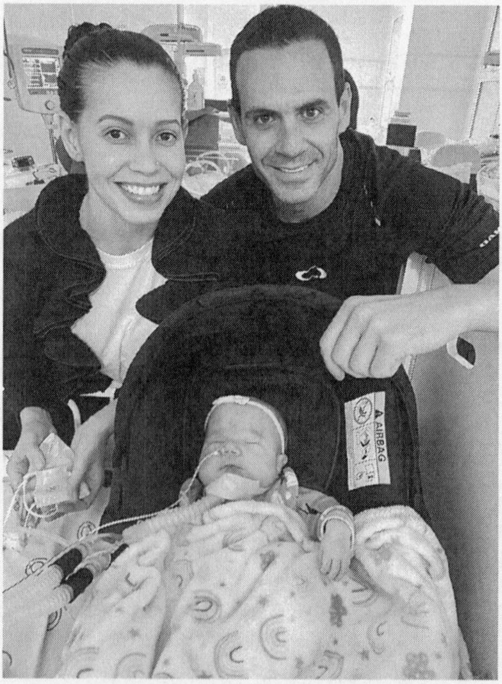

Nós três animados com a transferência

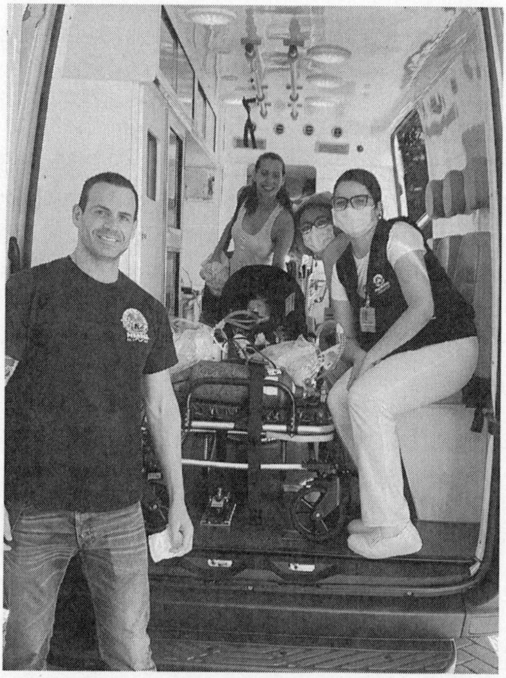

Toda a equipe na ambulância prestes a partir para o outro hospital

Instalados em um quarto privativo dentro da UTI, a Mel estava sob observação contínua. Nossa rotina era intensa, mas o ambiente proporcionava mais conforto e privacidade. Pela primeira vez após 133 dias, tive a alegria de dormir ao lado da minha filha, sem a barreira das máscaras[8], permitindo-nos dar inúmeros beijinhos e desfrutar da sensação de ser uma família normal.

Essa transferência não apenas aliviou nossa carga emocional, mas também representou uma grande vitória. Não sabíamos se sairíamos da UTI Neonatal anterior, e cada passo dado no novo hospital era um passo a mais em direção ao lar. Além disso, estar mais próximos da Mel, em um mesmo quarto, significava vencer todas as batalhas do mundo.

Porém, como em nossa jornada sempre há desafios, enfrentamos mais um: a Mel havia passado meses sem abrir os olhos. Quando finalmente começou a fazê-lo, eram apenas breves

8 O uso de máscara era obrigatório durante a Pandemia do COVID-19.

momentos antes de rapidamente fechá-los. Nossa esperança era que ela pudesse nos ver, mesmo que por instantes.

Uma oftalmologista avaliou a Mel e, infelizmente, constatou má formação nos olhos. Ela não reagia aos testes de luz, indicando que provavelmente não enxergaria. Um exame específico, realizado apenas fora do hospital poderia confirmar, mas a médica questionou se valeria a pena realizá-lo naquele momento, pois para transportar a Mel envolvia uma alta complexidade, e haviam questões mais relevantes a serem resolvidas naquele momento, dada a gravidade do diagnóstico.

Foi uma notícia dura de receber. Devastados, choramos por horas imaginando se ela podia nos enxergar ou não, mas ainda assim, não consideramos renunciar a nada. Decidimos lutar e buscar todas as possibilidades para a Mel. A nossa ideia sempre foi manter a Mel estável na UTI, levá-la para casa, e então procurar os especialistas de cada área para saber de fato o que a Mel precisava para ter uma vida o mais perto do normal possível. Sabíamos da gravidade do caso e da síndrome, mas para nós, como pais, ela era uma criança normal. O amor e a vontade de levá-la para casa eram tão grandes que estávamos dispostos a fazer qualquer coisa para que esse sonho fosse realizado.

Focamos em aproveitar cada momento com ela, cada sorriso e cada instante de tranquilidade, reafirmando nosso compromisso de enfrentar cada dia como um presente, sem nos deixar abalar pelos desafios contínuos.

Essa era a nossa realidade, vivida intensamente a cada dia, sempre ao lado da Mel, lutando por cada pequena vitória e cada momento de alegria.

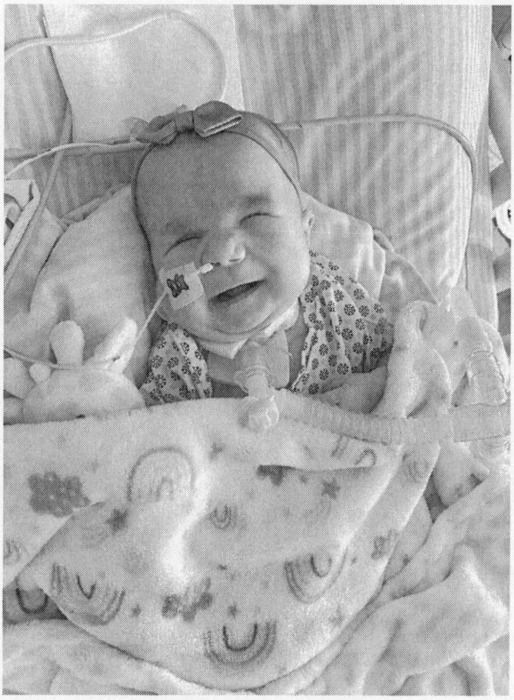

Mel distribuindo seus sorrisos

CAPÍTULO VII

PICOS E VALES

Paola

Um dia no hospital

7h30 — Acordo.

8h — Troca de plantão — Entra no quarto a enfermeira do horário para checagem da situação da Mel e, junto dela, vem a fisioterapeuta para a primeira das quatro sessões diárias de fisio da nossa bebê.

8h30 — Entra a médica de plantão para verificar como a Mel está.

9h — Entra a técnica de enfermagem para trocar a fralda, medir pressão e temperatura, e dar o leite para a Mel. Isso acontece a cada três horas. Às vezes esse procedimento é mais rápido, às vezes é mais demorado; conversamos sobre a situação da Mel.

9h30 — Eu e Rodrigo tomamos nosso café da manhã no quarto, claro, no meio desse entra e sai. Sempre tem alguém no quarto conversando sobre algum procedimento ou medicamento da Mel.

10h — Entra a técnica de enfermagem para dar banho na Mel. Há eventual coleta de sangue ou raio-X. A técnica troca a bombinha de leite e faz a higienização. Vem a fisioterapeuta para mais uma sessão com a Mel.

11h — Entra a nefrologista para nos atualizar da situação dos rins da Mel e falar sobre a medicação.

12h — Entra a médica responsável pelo quadro da bebê e nos atualiza sobre tudo que está acontecendo; nesse horário, os especialistas já se reuniram e passaram as últimas informações sobre a Mel: cardiologista, pneumologista, oftalmologista, gastroenterologista e neurologista. Todos fazem um detalhamento minucioso sobre cada medicação, procedimento e alterações. E isso nos é passado pela médica responsável numa conversa longa e precisa.

14h — Almoçamos, sempre com movimento no quarto.

14h30 — Entra a fisioterapeuta para mais uma sessão com a Mel.

15h — Entra a técnica de enfermagem para dar o leite para a Mel e trocar a fralda.

16h — Entra a técnica de enfermagem para limpar a bombinha de leite e verificar o acesso na Mel.

16h30 — Entra algum especialista; cardiologista ou neurologista, por exemplo, para checar como a Mel está reagindo à medicação e conversar sobre a situação da bebê.

18h — Entra a técnica de enfermagem para trocar a fralda, medir a pressão e a temperatura da Mel, lhe dar o leite e eventualmente fazer algum exame específico. Ela faz também a troca de curativo, pois a Mel está com dreno, com acesso no pescoço e tudo isso deve ser muito bem higienizado.

19h — Entra a técnica de enfermagem para troca da bombinha de leite e higienização, e a fisioterapeuta também vem para mais uma sessão de fisioterapia com a Mel.

20h — Há troca de plantão, então entra outra fisioterapeuta, outro médico, outra enfermeira e outra técnica de enfermagem para avaliar e examinar a Mel.

21h30 — Jantamos e iniciamos nossa tentativa de descansar e dormir o sono picado.

22h — Entra a técnica de enfermagem ou a enfermeira para administrar medicação na Mel.

23h — Entra a técnica de enfermagem ou a enfermeira para administrar medicação na Mel.

24h — Entra a técnica de enfermagem para administrar a medicação e trocar fralda, medir a pressão e a temperatura, e dar leite para a Mel.

1h — Entra a técnica de enfermagem para trocar a bombinha de leite e fazer a higienização.

E assim segue a madrugada, quando não há alguma complicação inesperada, como por exemplo, a noite em que percebi que a Mel estava muito ofegante e tive que chamar a médica plantonista. Ela chamou a fisioterapeuta que veio então manobrar a Mel, colocar uma sonda dentro da traqueostomia[9] para tirar a secreção acumulada. Fiquei observando por 20 minutos, e a respiração da Mel não alterou. Chamei a médica de novo. A médica então ajustou o suporte de respiração da Mel, que chamamos de ventilador, e nossa filhinha, finalmente, melhorou.

Tudo isso terminou às 6h40. Então me deitei novamente, mas às 7h30, já começaria tudo de novo. Essa era a rotina.

Como resisti a isso? Devo tudo ao meu preparo para as competições que venci. Hoje eu vejo que o esporte, no caso o fisiculturismo, me ajudou e até me preparou para as situações que eu viria a enfrentar. O fisiculturismo exige uma atenção enorme quanto às alimentações, treinos, descansos, consumo de água, ou seja, tudo que você faz na sua vida influencia o seu corpo. E era exatamente o que eu estava enfrentando na UTI.

Eu estava sendo observada o tempo todo, pois constantemente havia pessoas entrando no quarto, e eu lá, com minha filha. Não conseguia trabalhar, não conseguia estudar, não tinha a mínima liberdade. Então, assim como nas competições, precisava mostrar meu preparo físico e força mental, que é o principal no fisiculturismo, se pensarmos bem.

---

9 A traqueostomia é um procedimento médico em que uma abertura é criada na traqueia através de uma incisão no pescoço. Um tubo é então inserido através dessa abertura para permitir a passagem do ar diretamente para os pulmões, contornando a boca, o nariz e a garganta. Esse procedimento é realizado para proporcionar uma via respiratória segura e patente em casos de obstrução das vias aéreas superiores, insuficiência respiratória prolongada, necessidade de ventilação mecânica a longo prazo, ou para facilitar a remoção de secreções respiratórias em pacientes com dificuldade para expectorar. A traqueostomia pode ser temporária ou permanente, dependendo da condição subjacente do paciente.

Sim, a competição envolve uma dieta restrita e um cansaço tão grande que há dias em que você acorda triste e pensa em desistir. Durante a minha preparação para os campeonatos, às vezes acordava chorando e dizia para Rodrigo que estava esgotada. Às 6h, eu tinha que fazer uma hora de aeróbico, seguida por mais uma hora e meia de musculação, e depois outra hora de aeróbico.

Dedicação ao processo é o que faz a diferença. Para minha primeira competição, passei sete meses em preparação rigorosa. Não errei um único dia, não perdi uma refeição, não faltei a um treino, não negligenciei um cardio. E sabe o que aconteceu? Fui campeã. Mas se eu não tivesse me dedicado e apreciado o processo, teria mesmo sido campeã?

Agora eu me via em situação competitiva também, mas dessa vez pela vida da minha filha. Então, não podia me dedicar 50%. Tinha que ser 100%, 120%, o que meu limite permitisse.

No hospital, precisava dizer a mim mesma: "Se eu quero vencer, se eu quero ser a melhor, vou levantar e fazer tudo o que tenho que fazer". Não havia escolha.

Quando me preparava para competições, dormia sete ou oito horas por noite. No hospital, nem se compara, era muito mais difícil. Em uma UTI, você não dorme, não descansa. É uma privação de sono, um estresse enorme. Houve noites em que passei literalmente em claro e pedia para a técnica de enfermagem me deixar descansar das 6h até às 7h30, pois às 8h trocava o turno e novos técnicos entravam no quarto. E tudo se iniciava de novo.

Era uma constante batalha mental misturada a um cansaço físico extremo. Apesar de não ser treinamento com força e pesos, vivia em estado de alerta, pensando nos procedimentos que faziam com a Mel, se os remédios eram aplicados na hora certa, se a médica estava chegando, e tudo mais. Era minha filha, e eu não podia desistir, não podia me dar o luxo de estar cansada e de não deixar de ficar na UTI em qualquer dia que fosse.

E contava com meu amor por ela para vencer.

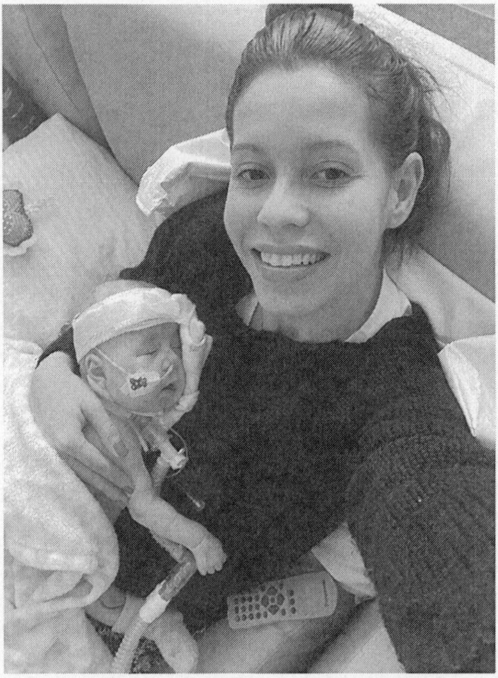

A Mel amava dormir no colinho da mamãe

Rodrigo

Quando vivíamos o auge nos Estados Unidos, com a loja prosperando, as conquistas de Paola e minha agenda cheia de treinos, muitas vezes eu olhava o nascer do sol na praia e dizia para Deus: "Se o Senhor tem algum desafio para nossas vidas daqui para frente, eu estou pronto para recebê-lo". Eu realmente pedi por um desafio. Sentia que ainda havia mais para vivermos. "Deus, estou pronto, entendeu? Acho que este é o momento. Então, pode mandar, que vamos dar conta." Tinha capacidade para fazer mais? Para ir além? Para enfrentar o que viesse? Sim. Acredito que Ele esperou o momento certo para nos mandar esse desafio. E qual a lição disso?

Sempre que estamos no auge, temos que estar prontos,

porque a vida é cheia de picos de montanhas e vales. Quando se está no pico, provavelmente, depois de um tempo, virá um vale logo a seguir. E você precisa estar pronto.

Depois desse vale, haverá um novo pico, tenha certeza. Mas neste vale específico em que pisávamos, a nossa situação no hospital era muito delicada. Havia muita tristeza lá dentro, outras famílias também sofriam muito. Então, antes de chegar, eu procurava orar muito e escutar alguma música que me animava dentro do carro, me deixava para cima, pois meu desejo era sempre fazer uma visita agradável para a Mel e a Paola.

No meu horário de almoço, quando não havia nenhuma intercorrência, ia para o hospital almoçar com elas. Pegava a Mel no colo, enchia-a de beijos, falava o quanto a amava, o quanto ela estava indo bem, e que iríamos para casa em algum momento. E com minha esposa, só contava coisas boas, que tudo estava bem no meu trabalho, que tudo ia dando certo, para deixá-la o máximo de tempo focada com nossa filha e passar também essa positividade.

Confesso que muitas vezes eu voltava chorando, mas nunca deixei transparecer isso para a Paola e a Mel. Pois aprendi a duras penas que em momentos de crise, a resiliência e a positividade se tornam nossos maiores aliados. No hospital, observava como cada gesto de carinho e cada palavra de incentivo poderiam fazer a diferença. As outras famílias, que também enfrentavam suas batalhas, quando conheciam a nossa história, pareciam encontrar conforto na nossa força e esperança.

Foi quando percebi que nossa luta não era apenas nossa, mas também uma fonte de inspiração para outros. E nesse ambiente de dor e superação, descobri que a grandeza da vida está em não desistir, em manter a fé e em continuar lutando, mesmo quando tudo parece perdido. Isso me fez valorizar ainda mais os momentos de alegria e reforçou minha crença de que, depois de cada vale, sempre existirá um novo pico que nos aguarda.

E eu nunca me arrependi de ter pedido o desafio a Deus,

porque durante o processo, aprendíamos que, por mais difícil que fosse o que passávamos, isso nos fazia crescer muito.

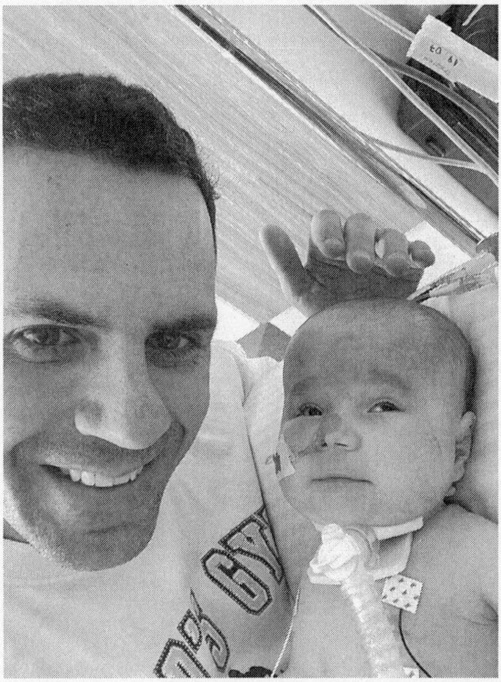

Mel e o papai adoravam brincar e assistir aos jogos do SPFC juntos

CAPÍTULO VIII

TRANSFORMANDO A DOR EM FORÇA

Rodrigo

Um dos grandes enigmas da humanidade é que ninguém jamais viu a mente, embora operemos constantemente com imagens dela em nossa cabeça. Quando alguém fala sobre a mente, ela não possui uma imagem concreta. Muitos visualizam o cérebro, mas este é apenas uma estação eletrônica; ao pensarmos, ativamos células cerebrais que alteram as vibrações do nosso corpo. E compreender o funcionamento dela é como possuir uma chave para um grande segredo.

A mente é dividida em duas partes: a mente consciente e a mente subconsciente. A mente consciente é a mente analítica; nós a chamamos de mente educada, e o principal é que ela possui o poder de escolha. Já a mente subconsciente não tem essa capacidade; ela é programada com nossos paradigmas e crenças.

Com a mente consciente, podemos pensar em qualquer coisa que desejarmos. Ninguém pode nos forçar a pensar em algo que não queremos! Por exemplo, sempre nos diziam que a Mel não sobreviveria, que seu tempo era curto. Escolhemos não pensar nisso. Optamos por pensar que ela estava bem e que logo estaria em casa.

Estamos sempre no comando dos nossos destinos. No nível consciente, temos a liberdade de escolha. Podemos pensar no que quisermos. Podemos focar nos nossos desejos ou nos nossos medos. Podemos escolher entre ver a beleza ou a feiura da vida. A escolha é nossa.

Nós somos criadores do nosso futuro e extremamente criativos. No entanto, na maior parte do tempo, estamos em "modo de sobrevivência", vivendo de acordo com os registros do passado, pois nosso cérebro opera com base em experiências anteriores. Então, por que não aproveitamos esse dom que nos foi concedido?

Quando percebemos que podemos criar nosso futuro, tudo começa a mudar. A maioria das pessoas vive apenas reagindo a estímulos externos provenientes do ambiente. Qualquer coisa que afete nossos sentidos e provoque uma resposta, como notícias negativas da internet, TV, colegas de trabalho e mídias sociais — reportagens violentas, casais se separando, guerras ou assuntos políticos —, acaba nos influenciando. Como não conhecem o funcionamento da mente humana, deixam a "mente aberta" e essas informações se alojam no subconsciente, tornando-se verdades absolutas ao longo do tempo. No entanto, quando estamos conscientes do que nos chega, podemos escolher aceitar ou rejeitar qualquer informação que recebemos.

Muitos desconhecem o poder que têm de escolher seus pensamentos. Por que escolhemos pensamentos negativos? A polaridade é uma lei universal: tudo tem um oposto. Então, por que focar no lado sombrio? Não existe alto sem baixo, nem calor sem frio. Em cada negatividade, há um grão de positividade.

Tudo o que você repete constantemente para uma criança é absorvido com facilidade, é gravado em sua mente. Por isso, falávamos muito com a Mel, com o objetivo de gravar em sua mente subconsciente afirmações positivas diárias. Dizíamos: "Você é saudável, você está curada, você vai para casa, seu corpo funciona perfeitamente, você nos vê, você nos ouve".

Esse processo é conhecido como sugestão. A sugestão é uma técnica poderosa, amplamente estudada por psicólogos e autores como o Dr. Joseph Murphy em seu livro *O Poder do Subconsciente* (Editora Bestseller, 2019). A sugestão funciona porque o subconsciente não distingue entre realidade e imaginação; ele aceita como verdade aquilo que é repetido e afirmado consistentemente. Quando dizíamos para a Mel que ela estava saudável, estávamos plantando sementes de esperança e cura em seu subconsciente, esperando que essas sementes florescessem em uma melhora física.

A sugestão positiva tem o poder de alterar estados emocionais e fisiológicos. Estudos mostram que crenças e pensamentos positivos podem influenciar a recuperação e a saúde geral de uma pessoa. A mente subconsciente, sendo programada com essas afirmações, pode desencadear respostas fisiológicas que ajudam na cura e no bem-estar.

Muitas vezes os médicos entravam no quarto, davam notícias desanimadoras e, ao saírem, eu e Paola íamos imediatamente conversar com a Mel. Dizíamos: "Está tudo bem, filha, vai dar tudo certo. Você vai ficar bem". Era uma prática constante de reverter qualquer negatividade que pudesse afetar seu subconsciente.

Morávamos em um ambiente estressante de uma UTI, mas tentávamos deixá-lo o mais leve possível. Escolhemos tornar o ambiente mais alegre para aproveitar a nossa filha e criar bons momentos. Se não criássemos um ambiente alegre, tudo seria ruim e triste.

Então, de que lado queremos ficar? Temos o poder da escolha, lembra?

Quando um pensamento surgir em sua mente, analise-o: ele está elevando sua vibração, trazendo alegria, ou causando medo e angústia? Se for negativo, mude-o imediatamente. Lembre-se sempre de que você está no comando; você é o piloto deste "avião".

Tudo isso é sobre você. E tudo começa na mente, se você estudar a si mesmo, terá uma vida maravilhosa.

Paola

Nós, seres humanos, tendemos a buscar a vida mais confortável possível, muitas vezes evitando desafios e, consequentemente, nunca descobrindo quem realmente somos. Quando tudo é previsível e controlado, a vida se torna vazia, desanimada e sem graça. Pergunte às pessoas que saíram de sua zona de conforto e enfrentaram diversos desafios, e elas lhe dirão o quanto cresceram. Porque, após a tempestade, vem a vitória.

Quando vivemos numa zona de conforto onde não existem desafios relevantes, nos privamos das vitórias. Quando estamos confortáveis, olhar para os desafios, lutas e dificuldades nos faz querer manter a estabilidade, mesmo que ela seja medíocre. No entanto, do outro lado desses desafios, encontra-se uma pessoa muito mais forte, transformada, serena, alegre e feliz.

A vida real começa fora da zona de conforto. Enquanto não dermos o primeiro passo e estivermos dispostos a enfrentar o que vier, nunca saberemos do que realmente somos capazes. Existem pessoas que ultrapassam os 90 anos e nunca viveram de fato, nunca saíram da zona de conforto, nunca enfrentaram seus medos.

Às vezes, as pessoas não compreendem isso porque vivem no automático. É preciso algo impactante, um sofrimento profundo, para que comecem a entender. Para encontrar a luz, é necessário se conhecer. E para se conhecer, é preciso ter a coragem de olhar para dentro de si mesmo e encarar uma enorme escuridão. Sair de cena um pouco, desconectar-se do mundo externo e conectar-se consigo mesmo.

Todos nós gostaríamos de ir direto para a glória, paz e felicidade. Mas será que estaríamos realmente felizes? Certamente não, pois não teríamos passado pelos processos difíceis, que são essenciais. Não podemos fugir do processo. É preciso enfrentar a tempestade e a escuridão para encontrar a luz. Existe muita energia e aprendizado no sofrimento que podemos usar para alcançar a vitória.

Não encontraremos a paz que tanto procuramos enquanto não superarmos a nós mesmos. A verdadeira transformação ocorre fora da zona de conforto, onde encontramos a força e a resiliência necessárias para sermos vitoriosos.

Portanto, hoje eu vejo que o câncer foi o desafio mais leve em minha vida.

Eu tive que aprender a administrar o sofrimento, a lidar com ele, pois ele se tornou parte constante da minha vida. No entanto, mesmo em meio à dor, eu sabia que estava crescendo. Cada obstáculo que surgia era uma oportunidade de crescimento.

Refletia sobre tudo o que estava acontecendo comigo nos últimos tempos: o câncer, a perda da nossa primeira filha e todo o processo envolvendo a Mel. Vínhamos sofrendo há anos. Mas decidimos usar tudo isso a nosso favor. Nunca pensamos em fugir da situação; ao contrário, buscamos força dentro dela para superar. Essa força se tornou nosso combustível vitalício.

Estávamos tão imersos na situação e concentrados em resolver os problemas que, quando as pessoas nos perguntavam "como vocês aguentam tudo isso?", a resposta parecia óbvia para nós.

Na UTI Neonatal, onde apenas os pais podiam entrar, as decisões precisavam ser tomadas rapidamente. A dinâmica da UTI exigia decisões urgentes: "Daqui a dez minutos, precisamos realizar um procedimento ou cirurgia de emergência. O que vocês acham?", perguntava algum médico. Precisávamos estar prontos para tomar decisões diárias que envolviam a vida da pessoa mais importante para nós.

Essa responsabilidade era exclusivamente nossa. Ninguém além dos pais podia entrar na UTI, tornando impossível terceirizar essa carga.

Lembro-me de um pai que relutou em ir reconhecer o corpo quando sua bebê faleceu e pediu que uma funcionária o fizesse, ilustrando a dificuldade e a gravidade das decisões que enfrentávamos. Rodrigo viu a situação e, com mais experiência no assunto, abordou o pai e lhe deu forças, dizendo: "'Eu já fiz isso, conheço a sua dor. Mas essa missão é sua".

E lhe deu um abraço confortante.

Com cada decisão e cada situação enfrentada, nossa mente

se fortalecia mais e mais. Transformamos a dor em força, e essa força nos guiou através dos momentos mais difíceis de nossas vidas.

CAPÍTULO IX

COMPLICAÇÕES... A BATALHA CONTINUA!

Rodrigo

Quando a Mel completou cinco meses, ela estava com suporte ventilatório, auxiliando sua respiração, e cada dia que passava se tornava mais especial para nós. Passamos o Dia das Mães juntos, Paola, eu e a Mel, muito felizes e alegres, mas notamos que nossa bebê andava mais ofegante que o normal. Lembrando que, desde a UTI Neonatal, a Mel já apresentava acúmulo de líquido na barriguinha. No hospital, uma punção revelou que o líquido era do sistema linfático[10], mas a causa do transtorno não foi descoberta.

No dia seguinte, a Mel foi levada ao centro cirúrgico. Anestesiada, colocaram um cateter[11] em seu pescocinho para facilitar o acesso, que é muito difícil no caso dela.

Em seguida, enfrentamos mais complicações. Um ultrassom mostrou que o acúmulo de líquido na barriguinha havia aumentado, invadindo o tórax e se instalando em torno do pulmão e do coração de nossa bebê. A situação se agravou, e a médica nos alertou sobre a necessidade de drenar esse líquido que estava complicando sua respiração.

---

10 O sistema linfático é uma parte crucial do sistema imunológico do corpo humano. Ele é composto por uma rede de vasos linfáticos, tecidos e órgãos que ajudam a transportar a linfa, um fluido claro que contém glóbulos brancos (linfócitos) e resíduos metabólicos. Esse sistema tem várias funções importantes, incluindo a remoção de toxinas e resíduos celulares, a absorção de ácidos graxos e gorduras do sistema digestivo, e a defesa do corpo contra infecções e doenças. Os principais componentes do sistema linfático incluem os linfonodos, o baço, as tonsilas (amígdalas) e o timo.

11 Um cateter é um tubo fino e flexível inserido no corpo para fornecer ou remover fluidos, medicamentos ou para permitir o acesso a certas áreas internas. É utilizado em diversos procedimentos médicos, como drenagem de líquidos corporais, administração de medicamentos, coleta de amostras de sangue ou urina, e como via para procedimentos diagnósticos e terapêuticos. Cateteres podem ser temporários ou permanentes, e são introduzidos por vias que podem ser venosas, arteriais, uretrais ou em cavidades corporais. A escolha do tipo de cateter e seu uso depende da condição médica do paciente e do objetivo do tratamento.

Era um ciclo complicado e uma verdadeira cascata de desafios: o líquido dificultava a respiração, o que aumentava a necessidade de ajuste no ventilador, mas esse ajuste não podia ser muito alto porque atrapalharia o coração. Para drenar o líquido, ela deveria receber diuréticos, mas a dose precisava ser muito equilibrada para não prejudicar os rins, já comprometidos.

O transporte da Mel para qualquer outro lugar do hospital era uma operação de alto risco. Necessitava de um ventilador de transporte e, durante o deslocamento, ela ficava ofegante porque o equipamento era mais fraco do que o habitual. Paola e eu, angustiados, assistíamos ao entra e sai de profissionais tentando transportá-la com segurança, mas naquela hora, concluíram que ela talvez não resistisse nem ao trajeto até o elevador.

Diante da debilidade da Mel, sugeriram que a cirurgiã realizasse a punção diretamente no leito da UTI, apesar dos riscos aumentados.

Este processo foi chocante, pois, além de lidar com esse enredo complexo, tivemos que assinar termos de responsabilidade, assumindo os riscos da anestesia devido à cardiopatia da Mel, função renal comprometida, problemas pulmonares e seu delicado estado geral.

Paola havia comprado uma roupinha nova para comemorar outro *mesversário*, mas em vez disso, enfrentamos apenas aflição. Mesmo estável, percebemos que não poderíamos vestir a Mel. Ela precisava ficar só de fralda para facilitar a percepção de alterações na sua respiração. Nos contentamos em dar muitos beijinhos e rezar pelo sucesso do procedimento.

Enquanto esperávamos, conversávamos sobre como essas tensões sugavam nossa energia. Tínhamos planos da Paola voltar à academia duas vezes por semana para se sentir melhor e mais ativa; havíamos planejado um esquema de revezamento para aliviar nossa carga emocional. No entanto, diante dessas intercorrências, reconhecemos o imenso cansaço que sentíamos, a ponto de querermos apenas deitar ali mesmo e dormir.

Esse cansaço também era exacerbado pelo confronto direto com todas essas situações, a maioria delas trazendo sofrimento para nossa filhinha. Resolvíamos um desafio, e logo surgia outro. Cada pequeno problema nos afetava visualmente. Após a inserção do cateter, a Mel voltava para o leito com sangue no pescoço e no cabelo, incapaz de ser limpa devido à necessidade de preservar o acesso recém-feito.

Para realizar a punção, a Mel teve que ficar em jejum desde cedo, tornando-se agitada e faminta. O procedimento, necessário mas invasivo, incluía uma sonda na uretra. Era um quadro doloroso e desafiador.

Após a punção, a Mel ficou estável. Surgiram outros problemas? Sim. Não sabíamos que o dreno para tirar o líquido do pulmão era tão doloroso. Mas foi necessário, e agora nossa bebê estava com cinco tipos de acessos: um cateter na jugular, sondas no nariz e na uretra, e cateteres drenando líquido da barriga e do tórax.

A realidade da UTI é dura. Os pais normalmente se afligem quando seus filhos choram ao tomar uma vacina. Imagine viver nosso dia a dia na UTI, com a Mel passando por procedimentos e fazendo uso de medicamentos fortes diariamente por um longo período de tempo.

Evitávamos manipular a Mel o máximo possível porque o acesso do pulmão era muito doloroso.

Em um momento, não suportei. Disse a Paola que era surreal ver nossa filhinha assim.

Paola

Eu senti uma enorme dor no meu peito quando passei a noite com ela após o procedimento da punção. Estava sentada ao lado da Mel, na madrugada, com as luzes apagadas e as técnicas de enfermagem no corredor, enquanto nossa filhinha chorava incessantemente. Era angustiante ver o choro abafado de nossa guerreira, pois por conta da traqueostomia, ela emitia quase nenhum som; abria a boquinha e sua expressão era de dor, um choro miúdo, quase silencioso, que ecoava na minha alma. Eu me sentia impotente, podendo apenas chamar alguém para ajudar.

Angustiada, pedi à técnica de enfermagem que agisse. Ela administrou um analgésico. Esperamos uma hora, mas não surtiu efeito, então mudou o medicamento. Mais uma hora de espera, sem resultado. Com a troca de plantão, veio o médico noturno, que prescreveu outro medicamento. Ainda assim, nada fez efeito até que introduziram a morfina[12], mas a Mel continuava a chorar. Pela manhã, decidiram administrar um calmante para tentar fazê-la dormir um pouco. Apesar de eventualmente as coisas se acalmarem, a rotina era extenuante. Meu olhar, repleto de amor, não conseguia aliviar aquela situação, e a dor em mim era imensa.

Nós evitávamos contar esses percalços para qualquer pessoa porque reviver esses momentos trazia muita dor e sofrimento. Não havia como discutir isso com quem não estava ali, 24 horas por dia, acompanhando nossa bebê nessa batalha constante pela vida. Todos os dias, reconstruíamos um pouco de nós mesmos.

Enfrentando circunstâncias que testavam nossa paciência, era difícil manter o pensamento positivo. Mas essa era a nova normalidade da Mel; normal para quem sofria dessa síndrome; uma sequência de instabilidades, sustos, surpresas e complicações. A Mel precisava de acompanhamento integral, como já mencionamos. Rodrigo e eu nos esforçávamos para permanecer disponíveis e fortes; ele vinha em períodos específicos, sempre que possível, e eu ficava o dia inteiro. Sabíamos que nosso corpo é como uma máquina, tudo precisa estar em sintonia para

12 A morfina é um potente analgésico opioide usado principalmente para aliviar dor intensa. Derivada do ópio, a morfina atua no sistema nervoso central, ligando-se a receptores opioides específicos, o que altera a percepção da dor e a resposta emocional à dor. Além de seu efeito analgésico, a morfina também pode causar sedação, euforia e, em alguns casos, efeitos adversos como náuseas, constipação e depressão respiratória. É frequentemente administrada em contextos médicos para tratar dores agudas, como as decorrentes de cirurgias, traumas ou doenças crônicas como o câncer. Por seu potencial de causar dependência, a morfina é uma substância controlada e seu uso é rigorosamente monitorado.

funcionar corretamente, incluindo nosso estado psicológico para resistir ao estresse, ao desânimo e à fraqueza.

Algumas médicas nos alertaram que essa situação poderia afetar nosso relacionamento, mas nós nos entendíamos bem e percebíamos que, quando um de nós estava abatido, era o momento do outro oferecer suporte. Nos apoiamos mutuamente e nos conhecemos tão bem que conseguimos manter o autocontrole, compartilhando o mesmo objetivo e determinação. Não tínhamos a privacidade que desejávamos com a nossa bebê, mas nos concentrávamos nos aspectos positivos e no amor que tínhamos um pelo outro, que era indescritível.

Após esse episódio, uma médica propôs uma reunião com todos os especialistas para nos atualizar sobre tudo que estava sendo feito para a Mel desde a sua chegada ao hospital. Achamos a ideia excelente.

Durante a reunião, uma nutróloga entrou no quarto, e sua presença me fez pensar que os médicos poderiam estar considerando dar alta para a Mel, que talvez pudéssemos continuar os cuidados em casa. Animados, fomos para a reunião, onde especialistas de diversas áreas — cardiologista, nefrologista, neurologista entre outros — nos atualizaram detalhadamente sobre tudo que fora feito até ali.

Ao final, a médica responsável nos informou que, em caso de parada cardíaca, não tentariam reanimar a Mel. Fiquei chocada e comecei a chorar com a notícia. As explicações se seguiram: primeiro, uma parada cardíaca não ocorre subitamente e a Mel estava estável; segundo, eles evitaram ter essa conversa conosco inicialmente para que pudéssemos nos adaptar à situação. E explicaram que a reanimação, dada a condição frágil da Mel, poderia ser muito traumática.

Perguntamos sobre a possibilidade de transplantes, mas fomos informados de que, devido à complexidade dos problemas da Mel, ela não seria elegível para tais procedimentos.

Embora difícil de aceitar, tentamos confiar nos médicos, que reiteraram estar fazendo tudo ao alcance para ajudar a Mel. Eu e o Rodrigo saímos da reunião em silêncio, sem palavras, apenas contemplando a serenidade de nossa filhinha, alheia aos nossos pensamentos sombrios.

Olhando para a Mel, sentimos uma onda de amor tão intensa que, ao trocarmos olhares, só tivemos uma certeza: "Vamos continuar lutando por você!".

CAPÍTULO X

OS DESAFIOS BATIAM CADA VEZ MAIS À PORTA

Rodrigo

Por mais que descrevamos a saga da nossa Mel nas UTIs, enfrentando procedimentos e desafios que desanimariam até mesmo adultos, nada se compara aos episódios que destacaremos neste capítulo. Estes foram, certamente, os mais marcantes que enfrentamos e sempre lembraremos da coragem e vontade de viver da nossa pequenina como lições de vida, que esperamos inspirar força e esperança em todos que leem nossa história.

Quando a Mel nasceu, conforme mencionamos anteriormente, foi levada diretamente para a sala de observação. O que o ultrassom não havia mostrado antes era que ela tinha uma parte da cabeça exposta, sem a pele protetora, o que aumentava o risco de infecções. Apesar disso, ela respirou por conta própria logo após o nascimento, um verdadeiro milagre considerando que os médicos não esperavam que ela sobrevivesse ao parto. Embora soubéssemos dos desafios que enfrentaríamos devido à sua condição delicada, a ausência de pele na cabeça não nos desanimou, nem a Mel.

Já no segundo dia de vida, ela foi levada para a primeira cirurgia para fechar o local exposto na cabeça. No centro cirúrgico, foi a primeira vez que a Mel foi entubada. Vê-la tão pequena sendo preparada para a cirurgia foi um cenário inimaginável para nós. Ao voltar, os pontos grandes em sua pequena cabeça cobriam a parte superior. Foi mais do que doloroso; foi como um estrangulamento em nosso peito. Guardamos várias fotos dela com uma toquinha, pois demorou para ela se recuperar dessa condição.

Os pontos se abriram após duas semanas, exigindo outra cirurgia. Eu e Paola estávamos emocionalmente dilacerados, mas nunca desanimamos. "Os pontos abriram? O que precisa ser feito? Vamos lá." Focamos sempre em resolver o problema imediato e mantivemos um espírito positivo esperando que a situação fosse resolvida.

Além da angústia, tivemos que lidar com o protocolo de assinar documentos autorizando anestesias e cirurgias, uma tarefa que parece trivial, mas que pesa enormemente em momentos de aflição.

Após as cirurgias, a Mel precisava ter seus curativos trocados diariamente: abrir, limpar, aplicar nova pomada cicatrizante. Para Paola, que sempre teve aversão a ver cortes e sangue, foi um desafio monumental. Mas minha esposa enfrentou isso bravamente, um verdadeiro aprendizado de maternidade. Quando a enfermeira a convidou para ver o curativo pela primeira vez, ela quase desmaiou, mas se recuperou rapidamente, dizendo: "Sou a mãe da Mel, ela precisa de mim".

Esse desafio persistiu. Os pontos frequentemente se abriam, levando a neurocirurgiã a concluir que não valeria mais a pena continuar com cirurgias. Não havia mais pele suficiente para suturar. Optaram então por deixar a ferida fechar por segunda intenção, ou seja, permitir que o corpo dela se curasse de forma espontânea, sem nenhum tipo de sutura.

Esse foi mais um processo angustiante, esperar que o organismo fizesse o trabalho por si só, mas não havia outra opção. À medida que o cabelo da Mel crescia, era necessário raspar ao redor da cicatriz para manter a higiene do curativo. Essas cenas eram carregadas de compaixão, vendo nossa bebê tão vulnerável.

Em comparação, assistíamos outros pais se preocuparem com problemas menores, como raspar uma pequena área de cabelo de seus filhos para um procedimento, enquanto nós focávamos em questões de vida ou morte.

Aos seis meses, a cicatriz na cabeça da Mel finalmente fechou, marcando uma vitória em sua luta. Ela superou mais esse desafio.

Só que a experiência de ver nossa filha ser entubada múltiplas vezes foi particularmente dolorosa. Ela foi entubada quatro vezes em apenas seis meses.

Assistir a isso era assustador: quando um paciente tem uma emergência em uma sala da UTI Neonatal, as enfermeiras e médicos pedem para que os pais aguardem ao lado de fora para poupar a família de experienciar momentos angustiantes e, algumas vezes, sem sucesso.

Naquele dia, outras mães e pais estavam na UTI com seus bebês. Quando, de repente, a Mel apresentou uma instabilidade e não conseguia respirar, seu monitor começou a apitar muito alto e a piscar na cor vermelha, indicando uma emergência. As enfermeiras pediram para os outros pais saírem da sala imediatamente. A nós, também. Porém, já estávamos tão acostumados e imersos naquele ambiente que dissemos prontamente para a enfermeira que iríamos ficar, não importando o que acontecesse.

E assim foi, ficamos acompanhando todo o procedimento de entubação. Em questão de segundos, havia dez profissionais na sala em volta da Mel. Entraram literalmente correndo, com carrinho de emergência, fisioterapeuta, uma equipe completa. Os médicos sempre nos alertaram que seria muito difícil entubar a Mel.

Vimos a nossa bebê ficar pálida e até roxa, com batimentos cardíacos de 30 por minuto e saturação bem baixa também. Quatro médicos tentaram entubá-la e não conseguiram. Pediram então para chamar uma quinta médica, que entrou correndo na sala.

A médica começou o procedimento, porém, também não estava obtendo sucesso. Ela então olhou para nós e disse: “A Mel não está aguentando mais”. Olhamos fundo nos olhos dela e dissemos: “Continue tentando, doutora!”.

Ela então voltou seu olhar para a Mel, parou, respirou, a vi olhando para cima, como que pedindo forças a Deus, e tentou novamente.

Nessa hora, em um momento de desespero e pensando em

mostrar para Mel que estávamos lá para apoiá-la, eu disse em tom firme e alto: "Vamos, filha!".

Olhei para Paola e vi que ela estava com as mãos em formato de oração pedindo que tudo desse certo. Ela estava pálida também. Perguntei se ela queria sentar, ela nem ouviu. A adrenalina no nosso corpo era tão grande que estávamos em pé, com as pernas literalmente tremendo.

Após quase 20 minutos que pareceram uma eternidade, conseguiram estabilizar a Mel.

Quando tudo terminou, nossas pernas ainda tremiam e lágrimas rolavam incessantemente em nossos rostos. Logo em seguida, a médica veio falar conosco, emocionada, com os olhos cheios de lágrimas, e nos deu um forte abraço. Toda a equipe, visivelmente comovida, veio nos parabenizar por mais uma vitória alcançada naquele dia. Nos abraçamos e agradecemos àqueles profissionais tão dedicados e atenciosos.

Este tipo de situação nos testou de maneiras que nunca poderíamos ter imaginado, reforçando nosso amor e determinação para lutar pela vida da Mel a cada dia.

Paola

Mais um capítulo que registra outra vitória da Mel: a diálise.

Desde a gestação, sabíamos que a Mel tinha rins hiperecogênicos[13], ou seja, não funcionavam 100%. Após seu nascimento, administraram constantemente medicamentos para auxiliar no funcionamento pleno dos rins. Ela estava sob tratamento com diuréticos e outros remédios, ajustando as doses conforme a necessidade. Havia momentos em que ela ficava desidratada pelo excesso de urina, então ajustavam a dose novamente.

13 Rins hiperecogênicos são uma condição em que os rins aparecem mais brilhantes do que o normal em exames de ultrassonografia. Isso ocorre devido a um aumento na quantidade de material refletindo os ultrassons, o que pode ser causado por diversas condições, incluindo depósitos de cálcio, gordura, sangue ou proteína nos rins.

Essa rotina foi bruscamente interrompida aos sete meses, quando a Mel parou de urinar. Notamos que ela ficou muito inchada. Preocupados, conversamos com a equipe médica, que decidiu aumentar a dose do diurético. No entanto, no dia seguinte, mesmo com o ajuste, ela continuou sem urinar e os rins pararam de funcionar.

Rodrigo e eu ficamos extremamente preocupados. A situação tornara-se muito tensa e, de repente, nossa médica, uma nefrologista e a médica de cuidados paliativos entraram no quarto. O alerta soou. A expressão da nossa médica, com lágrimas nos olhos, deixava claro que a situação era grave.

Fomos apresentados a duas opções: a primeira era não fazer nada e simplesmente esperar. Isso significava que ela ficaria cada vez mais inchada e, sem a função renal, seu coração seria sobrecarregado, levando a uma parada cardíaca. A médica de cuidados paliativos explicou que proporcionariam o máximo de conforto para a Mel, continuando com os medicamentos para aliviar a dor.

Contudo, a realidade da equipe médica era que a Mel iria a óbito. A perspectiva de morte é frequentemente implícita no diagnóstico da Síndrome de Patau, o que pode condicionar a abordagem dos médicos. Para nós, pais, isso nunca foi aceitável. A Mel era um ser humano lutando pela vida, e lutaríamos com ela.

Olhei para o Rodrigo e juntos dissemos: "Não!". Perguntamos sobre a segunda opção, que foi explicado ser a diálise peritoneal[14]. O processo envolvia infundir um líquido na barriga da Mel para ajudar os rins a funcionar e eliminar toxinas.

Apesar de estar repleta de acessos e enfrentar uma situação dolorosa, decidimos assumir a responsabilidade desta manobra.

14 A diálise peritoneal é um tratamento para insuficiência renal onde uma solução chamada líquido de diálise é introduzida na cavidade abdominal por meio de um cateter. Esse líquido ajuda a remover resíduos e excesso de líquidos do corpo, passando por trocas regulares onde o líquido fica dentro do abdômen por um tempo determinado e depois é drenado.

A equipe médica nos deu um momento para pensarmos sozinhos.

Quando as médicas saíram, olhamos para a Mel, e nossa decisão foi clara. Abrimos rapidamente a porta e comunicamos: "Vamos fazer".

A decisão tinha que ser imediata. Iniciamos a diálise no mesmo dia, sem tempo ou condições de consultar nossa família. Orgulhamo-nos da rapidez e segurança com que tomamos essa decisão. Se não desse certo, que assim fosse, mas enquanto houvesse uma chance, tentaríamos.

Assinamos todos os termos necessários, conscientes dos riscos. A diálise começou a mostrar resultados positivos. Apesar das dificuldades, especialmente durante o transporte para o centro cirúrgico, onde a Mel ficou agitada, o procedimento foi bem-sucedido.

Na manhã seguinte, a Mel voltou a urinar, um momento de celebração para nós. Embora a primeira noite tenha sido dolorosa para ela, estávamos convencidos de que a decisão fora correta.

Com o tempo, a equipe médica reconheceu nossa determinação em lutar pela vida da Mel. Conversas com outras médicas revelaram que pais como nós, dispostos a fazer tudo por seus filhos, são raros.

Hoje entendemos que, no turbilhão de emoções que é a jornada de cuidar de um filho doente, há momentos em que os pais são chamados a tomar decisões urgentes que podem ter um impacto significativo no curso de um tratamento. Esses momentos delicados são como encruzilhadas, com opções que nem sempre podem parecer as melhores, mas podem ser salvadoras, saiba disso. Para nós, pais dedicados à Mel, essas decisões urgentes se tornaram uma parte inevitável de nossa rotina no hospital.

Diante da gravidade da condição da Mel, cada escolha que fizemos era carregada de peso emocional e consequências potencialmente devastadoras. Desde autorizar procedimentos médicos arriscados até decidir sobre o tratamento a ser seguido, enfrentamos uma série de dilemas que testaram a nossa coragem, e mais do que isso, tivemos de agir com rapidez e determinação. Mas sempre confiamos em nosso amor inabalável pela nossa filha e em Deus.

Hoje, vemos como nossa força emerge de lugares desconhecidos dentro de nós. A diálise peritoneal se tornou uma nova etapa em nossa jornada, demonstrando a cada passo que nossa luta e nosso amor pela Mel nos fortaleceram, impulsionando-nos a superar cada obstáculo, não importa quão desafiador foi.

CAPÍTULO XI

O PROCESSO PARA SE TORNAR UM DIAMANTE

Paola

Se você está passando por um momento delicado e desafiador na sua vida, eu te adianto: as coisas podem ficar muito difíceis.

Eu adoraria te dizer que tudo vai ocorrer de forma simples e que será fácil, mas a verdade é que talvez não seja. Talvez esta seja a situação mais complicada da sua vida.

Não era nada fácil para nós. Mas eu havia colocado na minha cabeça que seríamos recompensados por toda a dor que estávamos passando. Nós não pararíamos durante todo o processo. Não seríamos derrotados. Não seríamos destruídos.

Pegaríamos toda a dor que vivenciávamos e a usaríamos para encontrar a força e a grandeza que existem dentro de nós.

Pensávamos: "A única forma de perder é se desistirmos".

Sim, vai ser muito difícil. Mas se você começar já pensando em desistir, nem comece. Se você está procurando um atalho ou um caminho mais fácil, esqueça.

Hoje, toda vez que recebo um "não" ou encontro uma porta fechada na minha frente, fico animada. Porque sei que estou cada vez mais perto do "sim". Não receberei "nãos" para sempre; uma hora vai acontecer.

O que estou falando aqui é a vida real.

Nossa fé em Deus foi o alicerce que sustentou nossa jornada. Em cada momento de desespero e dor, nos voltávamos para Ele, buscando força e consolo. Sabíamos que Ele estava ao nosso lado, guiando nossos passos, mesmo quando tudo parecia perdido.

Deus não promete uma vida sem dificuldades, mas Ele promete estar conosco em cada passo do caminho. Acreditamos que, mesmo nas horas mais sombrias, Ele tinha um propósito maior para nós. Nossa fé nos deu a coragem de continuar, de lutar e de encontrar sentido no sofrimento.

Compreendemos que cada desafio era uma oportunidade para fortalecer nossa fé e confiar ainda mais em Deus. Cada "não" era uma preparação para um "sim" maior e mais significativo. E assim, aprendemos a ver a mão de Deus em cada detalhe, em cada momento de nossa luta.

Se você está passando por um momento difícil, saiba que Deus está com você. Ele conhece suas dores e suas lutas. Confie n'Ele, busque força em Sua presença, e permita que Sua luz ilumine seu caminho. Mesmo quando tudo parecer impossível, lembre-se de que com Deus, todas as coisas são possíveis.

Deus sabe de tudo. Imagine-se ao lado d'Ele, assistindo a tudo que você fez na sua vida. Vocês dois sentados juntos. Ele te mostra tudo o que, na verdade, era para você ter feito. Por insegurança e medo do julgamento dos outros, você não deu aquele passo adiante. O arrependimento tomará conta de você. Você será mais um que não perseguiu seus sonhos, não se permitiu viver o extraordinário. E agora sua vida passou e acabou sem você ter feito nada de relevante, sem ter acessado seu verdadeiro potencial.

Ter fé vai além de simplesmente acreditar em algo. É uma confiança profunda e inabalável em Deus, a certeza do que não se vê. A fé genuína nos leva a confiar nas promessas de Deus mesmo quando não podemos vê-las e nos capacita a submeter-nos à Sua vontade, mesmo quando não compreendemos totalmente. Eu só fui aprender isso com a Mel. Durante nosso período na UTI, tive muitas experiências marcantes com Deus. Em diversos momentos, a paz que eu sentia em meio a todo o caos era realmente divina, fora da compreensão e entendimento humano.

Ganhei uma Bíblia de uma grande amiga enquanto estava com a Mel na UTI e, pela primeira vez, comecei a ler de verdade, com atenção. Encontrei conforto nas histórias de Jesus. Uma das passagens que me chamou a atenção está no Livro de Mateus. Antes de ser crucificado, Jesus diz aos discípulos que sua alma está profundamente triste e pede para que eles fiquem com Ele e vigiem. Ele foi orar ao Pai e, ao voltar aos seus discípulos, os encontrou dormindo.

Esse texto tocou meu coração. Eu dizia ao Rodrigo: "Estamos no meio da batalha. Não podemos e não vamos desistir. Agora não é hora de descansar!" Eu sabia que não moraríamos no hospital para sempre, mas desconhecia como a história iria se desenrolar. Certamente, não era hora de descansar ou dormir. Deus nos concedeu essa missão, nos confiou a Mel. E íamos nos entregar de corpo e alma, honrar a vida dela.

Sempre pensei que a Mel foi um presente, um propósito. Foi Deus quem nos deu a Mel e, se chegasse o momento dela, Ele a levaria, independente de diagnósticos ou de nossa luta aqui na Terra.

Lembre-se: com Deus ao seu lado, você pode enfrentar qualquer tempestade. A fé não elimina a dificuldade, mas dá a você a força necessária para atravessá-la. Acredite, confie e dê o primeiro passo. Deus está com você, e com Ele, todas as coisas são possíveis.

Rodrigo

Você não quer ver o tempo passar e saber que poderia ter

feito algo, poderia ter tentado, poderia ter arriscado mais. O "e se" corrói as pessoas por dentro. "E se eu tivesse feito, e se eu tivesse tentado..."

Quando enfrentamos situações estressantes ou provas de vida muito difíceis, tendemos a pensar que não somos bons o suficiente, que não estamos prontos ou que não vamos suportar. Isso é a sua mente querendo te levar de volta para sua zona confortável. Nosso cérebro sempre tende a procurar o conforto.

No nosso caso, não havia escolha! Tínhamos que estar com nossa filha diariamente no hospital, suportando as mais difíceis situações que uma mãe e um pai podem aguentar. Foi então que percebi: treinar a minha mente para ficar cada vez mais forte e suportar esse processo estava surgindo efeito.

A mente pode ter controle sobre nós. Ela nos diz que estamos cansados, que tudo aquilo é demais, que não vamos aguentar. E se você não estiver pronto, ela sempre vai te vencer. Mas, assim como a mente pode ser nossa maior inimiga, também pode ser nossa maior aliada, se soubermos treiná-la e fortalecê-la. A transformação de nossa mente e a construção de resiliência são processos semelhantes ao de se tornar um diamante.

Existe um processo demorado e doloroso para se tornar um. As pessoas têm uma grande admiração por diamantes pelo fato de serem bonitos e brilhantes. O diamante é considerado o tesouro mais antigo do mundo, o objeto mais resistente encontrado na Terra, o material mais forte conhecido pelo homem. São necessários muitos anos para que um diamante se forme, sendo uma pedra preciosa extremamente valiosa devido à sua escassez.

Para que o diamante seja formado, ele precisa passar por um processo de calor intenso e uma pressão extrema. Podemos relacionar todo o processo de formação do diamante à nossa situação de vida nos últimos anos. É um processo lento, doloroso, mas muito transformador. Se você deseja se destacar, ser uma joia preciosa, ser um diamante, precisará passar pelo processo que poucas pessoas estão dispostas a enfrentar. Veja os principais atletas do mundo: eles treinam oito, dez, doze horas por dia, todos os dias, e mantêm uma alimentação impecável durante meses para fazer uma prova de um minuto ou para jogar uma única partida, que os levará ao topo como número um.

Muitos de nós queremos sucesso, desejamos destaque pelos nossos feitos, mas não suportamos passar pelo processo. De tudo que passamos nesses últimos anos: o câncer da Paola, perder a Maya, morar com a Mel na UTI, ouvir notícias negativas todos os dias sobre nossas filhas, tudo isso me calejou. As pessoas me perguntam: "Como vocês aguentam?". E eu respondo: "Porque já fui muito machucado".

Hoje sei que dificilmente algo irá me abalar, porque enfrentei processos muito dolorosos. Eu aguentei toda a "pressão", assim como o diamante é submetido. Eu e a Paola passamos pela pressão e pelo calor extremos para estarmos aqui hoje escrevendo este livro, assim como a pedra passou para se tornar uma joia preciosa e rara. Penso em Deus me falando: "Você disse que queria ser extraordinário, filho. Você disse que queria ajudar e inspirar pessoas. Para isso, você precisa ser um diamante".

Fato interessante sobre o diamante: depois de passar por toda essa pressão e calor extremos, ele se torna uma pedra extremamente forte e dura, praticamente impossível de ser quebrada. Portanto, será difícil mesmo, e é nessa dificuldade que a maioria das pessoas desiste. Mas se você está disposto a falar "eu não vou desistir", eu garanto que você conseguirá alcançar o sucesso em qualquer área que desejar na sua vida. Quando você se torna forte como um diamante, não pode mais ser quebrado. Depois que entendemos isso, nossa vida mudou.

Nossa fé em Deus também foi um fator crucial durante todo esse processo. Cada desafio que enfrentamos foi uma oportunidade para reforçar nossa confiança n'Ele. Sabíamos que, mesmo nas situações mais sombrias, Deus estava nos moldando, assim como o calor e a pressão moldam o diamante. Através da fé, encontramos a força para enfrentar o inimaginável e emergir mais fortes e resilientes.

Você nunca pensa que pode ser quebrado. Você nunca está preparado para o pior cenário possível. E a razão de estarmos aqui hoje, escrevendo este livro, é porque fomos preparados durante todo o processo.

Hoje podemos dizer com convicção: Deus nos preparou para sermos diamantes! Cada dor, cada lágrima, cada momento de desespero foi parte de Seu plano para nos transformar e nos fortalecer. E assim, com fé e determinação, entendemos que somos inquebráveis, prontos para enfrentar qualquer adversidade que venha a surgir.

CAPÍTULO XII

UFA! 1 ANO DE UTI. VAMOS CELEBRAR!

Rodrigo

Todos os *mesversários* da Mel eram muito especiais. Sempre fizemos questão de celebrar cada mês de vida da nossa filhinha com alegria e pertencimento, conscientes de que poderia não haver outra oportunidade para tais celebrações. A cada mês completado, sentíamos um abrasador sentimento de vitória.

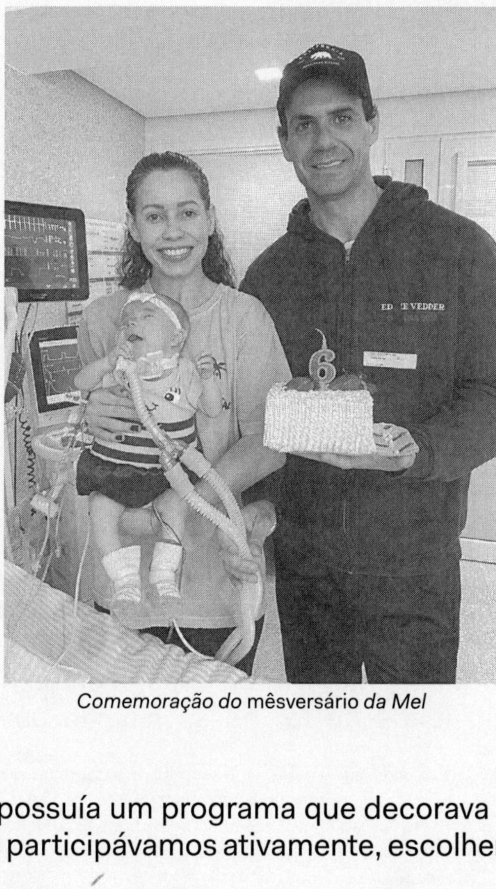

Comemoração do mêsversário *da Mel*

O hospital possuía um programa que decorava o quarto da bebê, e nós participávamos ativamente, escolhendo sempre um tema infantil diferente. Produzíamos toda a festa: uma roupinha especial para a Mel, um bolo que eu comprava com entusiasmo e carinho, e brigadeiros e docinhos variados, compartilhando com todos no setor. A UTI literalmente parava, com todos cientes de que era um dia de festa, um momento de alegria e energia positiva.

A cada bolo que comprava, eu me sentia inundado de satisfação e amor. No fundo, cada *mesversário* era uma celebração da vitória diária, mês a mês, da vida da nossa bebê. Para muitos, o *mesversário* de um bebê pode parecer simples e corriqueiro, mas para nós, cada celebração tinha um significado profundo, uma maneira de recarregar nossas almas de força e esperança. Criava uma expectativa ansiosa, mudando a atmosfera da UTI já na véspera. Eu me arrumava como se fosse para uma grande festa, tudo para homenagear a Mel como ela merecia.

Quando a Mel completou oito meses, enfrentamos uma nova intercorrência que me levou a orar intensamente por sua superação, para que pudéssemos celebrar mais uma vitória. Deus permitiu, e nós agradecemos. Mas a cada mês era assim, sempre pairava sobre nós a sombra da incerteza. Inclusive, em uma das nossas conversas com a equipe, uma médica fez uma colocação que serviu exatamente para o que estávamos passando: "Parece que tem sempre um fantasma rondando vocês". Era como se algo ruim pudesse acontecer a qualquer momento.

Chegar aos dez, onze meses, era um motivo de grande celebração. Enquanto a maioria dos pais espera que um bebê de cerca de um ano comece a andar, nós simplesmente celebrávamos a alegria de estar ao lado de nossa filha, viva.

Na época em que a Mel estava próxima de completar um ano, ela estava estável e foi solicitado *home care*[15] para que ela pudesse, finalmente, ir para casa. Ficamos extasiados com a possibilidade de ter nossa filhinha em nosso lar,

15 Home care é um serviço de assistência médica e de suporte oferecido na casa do paciente, proporcionando cuidados personalizados e contínuos fora do ambiente hospitalar. Esse serviço pode incluir cuidados de enfermagem, fisioterapia, administração de medicamentos e assistência em atividades diárias, visando melhorar a qualidade de vida do paciente e promover sua recuperação em um ambiente familiar e confortável.

apesar das restrições da diálise e outros desafios. Ela estaria no conforto de casa, cercada pelo amor de avós, tios e tias, e com a segurança de assistência médica 24 horas.

Paola

Recordo-me quando a Mel completou dois meses, ainda estávamos na UTI Neonatal, e ela, na incubadora. Cheios de empolgação, compramos um balão para celebrar, entrando na UTI com entusiasmo. Rodrigo, à minha frente, segurava o balão quando a médica me puxou de lado e avisou que a Mel estava entubada. Não esperávamos por isso, e nem tive tempo de preparar o Rodrigo, que ficou com os olhos cheios de lágrimas ao ver nossa filhinha naquela condição. Foi um choque, mas superamos esse e muitos outros desafios, sempre encontrando uma maneira de celebrar cada nova etapa da vida dela.

A lembrança dos dois meses é especialmente significativa porque não pude conter meu choro, aquilo me quebrou por dentro. Apesar do choque inicial, seguimos em frente, fortalecidos e motivados a nunca desistir.

Como mãe, sempre sonhei em dar um banho nela, vesti-la com um vestidinho especial e um lacinho, deixando-a cada vez mais bonita para a data do *mesversário*. Passamos por várias fases: algumas vezes, devido aos vários acessos em seu corpinho, não conseguíamos vesti-la, e ela ficava apenas de fralda para evitar qualquer problema que a roupinha pudesse encobrir. Então a roupinha ficava esticada ao lado dela, mas o *Parabéns a você* era cantado com muita emoção todo dia 17.

O amor que dedicamos à Mel cada minuto que passamos com ela foi fundamental para as inúmeras vitórias que conquistamos. Nossa família sempre demonstrou muita afeição e carinho por ela, sendo a fonte de força que nós precisávamos. Era mais uma oportunidade para dizer a ela, com profunda ternura, o quanto a amávamos, o quanto estávamos juntos na luta pela vida, o quanto ela era bem-vinda e o quanto desejávamos levá-la para casa.

Algumas pessoas talvez não vejam motivo para celebrar com um bebê numa UTI, enfrentando tantos desafios. No entanto, sempre encaramos isso como apenas um cenário temporário, um deserto passageiro que não deveria nos desmotivar ou ofuscar nossa alegria e gratidão por sermos pais da Mel, pois acreditávamos que, em algum momento, a levaríamos para casa. Então, sempre houve motivo para celebração. A cada uma dessas datas, relembrávamos toda a luta desde a gestação, o amor que ela despertou desde que soubemos de sua existência, e tudo que compartilhávamos e aprendíamos com ela, que nos tornava seres humanos melhores. É claro que merecia uma celebração.

Ser pais da Mel foi e sempre será um privilégio, a melhor escolha que já fizemos em nossas vidas. Se perguntassem se viveríamos tudo de novo, nossa resposta seria um inequívoco "sim", quantas vezes fossem necessárias para conhecer e amar a Mel.

Próximo do dia 17 de dezembro, seu primeiro aniversário, planejamos uma celebração com uma decoração muito especial, mas devido a burocracias, não conseguimos trazer a Mel para casa antes desta data. Mesmo assim, não desistimos da comemoração. Sempre quis fazer o tema do Ursinho Pooh que se encaixava perfeitamente, pois o ursinho come mel e nossa Mel, carinhosamente apelidada desde a UTI Neonatal de Abelhinha, faria jus ao tema. Planejamos fazer um dia de muita alegria e inesquecível no hospital. Concretizei meu desejo de fazer lembrancinhas, mandei produzir dezenas de potinhos de mel com uma abelhinha e a frase:

"Agir no que é possível, confiar em Deus no que é impossível. Obrigada por acreditar em mim. Mel Gonçalves, 1 aninho. 17/12/2023"

A equipe médica e de enfermagem, sabendo que estávamos há um ano na UTI com a Mel, permitiu gentilmente a entrada dos avós e de uma tia para a festa. Foi um dia muito especial, com música, bolo, lembrancinhas e muito amor.

Mesmo em meio a tanto movimento, a Mel ficou tranquila, recebendo todo o nosso amor. Estava linda em sua roupinha especial, e eu tenho certeza de que ela sentia nossa alegria e gratidão por completarmos um ano juntos.

Por um momento, esquecemos que estávamos numa UTI, parecia um sonho realizado. Distribuímos mais de 70 potinhos de mel, e todos queriam um, emocionados por participar da festa. Ficaram maravilhosos. Foi um dia memorável, o melhor aniversário de todos, com lembranças incríveis que jamais sairão de nossa mente e coração.

Decoramos todo o quarto da Mel com fotos dela com a família, abelhinhas e tudo relacionado ao Ursinho Pooh

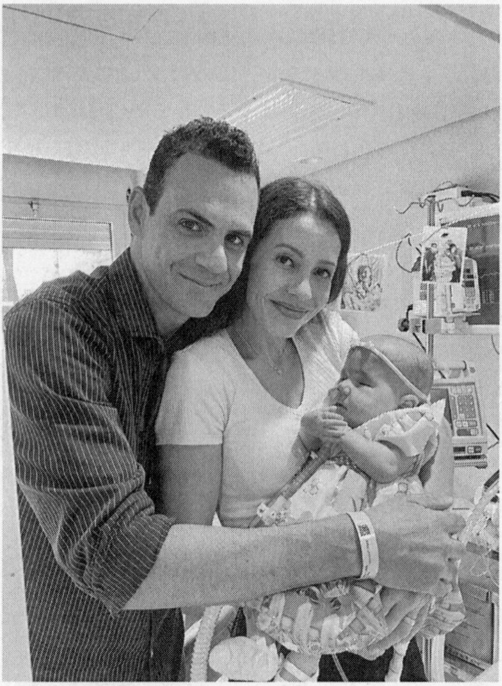

Nós três em um dia muito feliz

Família reunida para celebrar o primeiro aniversário da nossa princesa

CAPÍTULO XIII

NATAL, ANO NOVO E SURPRESAS

PAOLA

Chegara o Natal. Para nossa família, esta é uma data muito simbólica. Sempre fazemos questão de celebrar o aniversário de Jesus da melhor maneira possível, e neste ano de 2023, estávamos particularmente felizes pela melhora da Mel, com a intenção de passar o Natal com ela, mesmo que ainda estivéssemos no hospital devido a questões burocráticas que se intensificaram no final do ano.

Como era previsível, não conseguimos ir para casa.

Minha mãe preparou uma comida especial para mim e para Rodrigo, e eu preparei uma surpresa especial para a Mel: eu a vesti com um lindo vestidinho rosa pink. Rodrigo e eu também nos vestimos de rosa. Juntos, ficamos lindos na foto de Natal.

Esquentamos o jantar, fizemos uma oração e ceamos com a Mel em nosso quarto de UTI. Ainda no dia 24 de dezembro, notamos que algo sério estava acontecendo com nossos vizinhos. Durante nossa ceia, ouvimos barulhos, corre-corre, e médicos apressados indo e vindo, uma agitação fora do normal. As técnicas de enfermagem entravam em nosso quarto com semblantes tristes. Uma delas revelou que a criança no quarto ao lado estava em estado muito grave. Cheguei até a abraçar uma das doutoras, compartilhando a dor, pois, como mãe de uma filhinha na UTI, era impossível não me abalar.

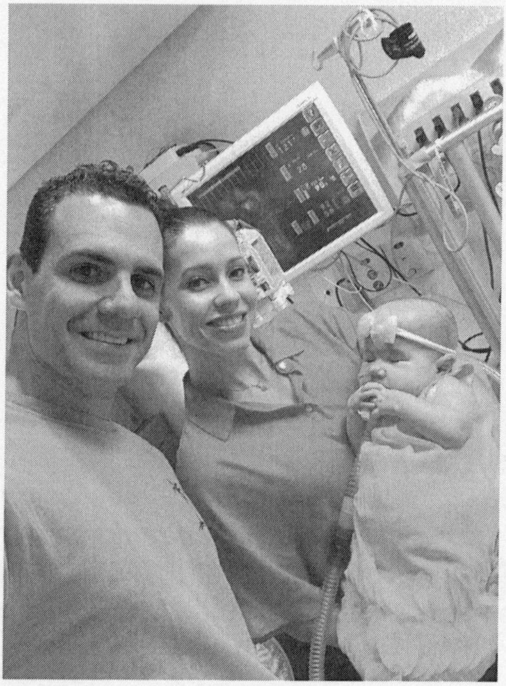

Muito colinho e fotos antes da ceia de Natal

Por volta das 21 horas, ouvimos gritos vindos do corredor. Quando Rodrigo abriu a porta, viu uma mãe ajoelhada e o pai sentado no chão em frente ao nosso quarto, inconsoláveis. A filhinha deles havia falecido na noite do Natal. Nos colocamos no lugar deles; é impossível não se solidarizar com um sofrimento tão profundo numa data que deveria ser especial.

Do nosso lado, nesse mesmo dia, a Mel chorou muito. Tínhamos a impressão de que ela não estava bem; durante a ceia, tentamos distraí-la, revezando-a em nossos colos, fazendo carinho e dando atenção, mas foi uma noite realmente tensa. Como na UTI só é permitido ficar um acompanhante, Rodrigo foi para casa e, no caminho, me ligou e disse: "Estou muito impressionado com tudo o que aconteceu com aquela família e também algo me diz que a Mel não está legal".

No outro dia, percebemos que a Mel ainda estava estranha.

Aquela fase de melhoras e estabilidade estava desintegrando. Ela estava chorosa e não conseguia evacuar. No terceiro dia sem defecar, notamos que sua barriguinha estava muito inchada. Exames de raio-X e tomografia mostraram que ela estava cheia de gases e fezes. Uma cirurgiã avaliou a situação e, sem alternativas, no dia 31 de dezembro de 2023, a Mel precisou fazer uma colostomia[16]. Ela já havia passado por quase 20 intervenções mais invasivas. Nós estávamos quase indo para casa com o *home care*. Outra vez, o centro cirúrgico; outra vez, mais um desafio. Pensávamos que não era tão grave, porque situações semelhantes a essa já haviam sido resolvidas com laxantes antes. Então, agora, nossa bebê de um ano ficaria com uma bolsinha externa na barriga. Apesar de normal para os médicos, para nós seria mais um choque. Insistimos por outras opções, mas nos disseram que eles avaliariam no centro cirúrgico e realizariam outra intervenção, se fosse possível.

Ficamos sozinhos no quarto, olhando para o berço vazio da Mel, sentindo uma enorme impotência e insegurança, sem saber o que estava acontecendo. Orando, pedimos que evitassem a colostomia. Infelizmente, não houve outra opção. Os médicos explicaram que sua barriguinha estava muito inchada e corria o risco de rompimento interno, o que poderia levar a uma infecção generalizada. Não teve jeito.

Mesmo assim, a Mel ficou estável após a cirurgia. Tivemos que nos conformar com a nova situação, que exigia mais cuidados e atenção.

Não tínhamos comido nada devido ao estresse e era noite do Ano Novo. Não havia delivery disponível e a lanchonete do hospital estava fechada. Rodrigo encontrou uma solução e voltou com itens de padaria para um jantar improvisado.

Essa noite foi muito marcante para mim. Aquele gesto saciou não apenas a minha fome física, mas também a emocional. Já

16 A colostomia é um procedimento cirúrgico onde uma abertura é feita no abdômen, conectando o cólon à superfície abdominal, criando um novo caminho para a eliminação de fezes do corpo. Essa abertura é chamada de estoma. Após a colostomia, as fezes passam a ser eliminadas através do estoma, podendo ser coletadas em uma bolsa aderida à pele do abdômen. Essa bolsa é esvaziada e trocada regularmente para garantir a higiene e o conforto do paciente.

passamos o Ano Novo em lugares bonitos e movimentados, como em festas na praia. E ali estávamos nós, em um quarto de hospital, comendo pão com presunto e queijo e bolo de cenoura com chocolate. Eu me encontrava feliz e com o coração tranquilo. Me senti grata por ter ao meu lado um marido tão atencioso, uma filha tão lutadora e pela sua cirurgia ter sido um sucesso. Encontrei paz nesse amor em meio à simplicidade de nossa celebração de Ano Novo, ao lado do berço da nossa filhinha recém-operada e estável.

Rodrigo

No dia do Ano Novo, passei a noite com a Mel enquanto Paola foi descansar um pouco em casa. Posso dizer que foi o Ano Novo mais especial da minha vida. Esperei dar meia-noite e enchi ela de beijinhos, desejei todo amor do mundo para ela e a agradeci muito por ter me escolhido como seu papai. Fizemos algumas fotos que guardo com muito carinho e que jamais esquecerei. A Mel ficou serena, o que nos permitiu brincar um pouco e depois dormimos um pertinho do outro.

No dia seguinte, Paola retornou cedo e passamos juntos o primeiro dia de janeiro de 2024. Durante a primeira quinzena do mês, nos acostumamos com a ideia da colostomia: aprendemos todo o procedimento de cuidados, higiene e processo de cicatrização. A equipe cirúrgica acompanhou de perto o pós-cirúrgico, nos dando a sustentação necessária para que aprendêssemos tudo o que fosse preciso para cuidar da Mel em casa sem o monitoramento constante da equipe.

Durante esses dias, notamos que o lado da barriguinha da Mel onde estava o acesso para a diálise (lado oposto da colostomia) começou a apresentar infecção, ficando vermelho e inchado. A Mel chorava muito, o que acreditávamos ser de dor. O curativo era trocado a cada dois dias, então passamos a mudá-lo duas vezes ao dia e iniciamos um tratamento com um antibiótico em forma de pomada para auxiliar na cicatrização, mas a inflamação não melhorava.

Um quisto de pus começou a se formar no local, e ficávamos alarmados com o perigo que isso representava para a Mel, pois sabíamos que qualquer acesso no corpo é uma porta de entrada para bactérias em um ambiente hospitalar. A Mel já possuía seis acessos, então a preocupação era imensa. Os exames se tornaram diários, às vezes duas vezes por dia, em uma tentativa desesperada de encontrar alguma melhora, que infelizmente não veio.

Os médicos, então, convocaram uma reunião. Paola, eu e mais cinco profissionais nos reunimos para discutir o que estava acontecendo. Foi quando nos informaram que a Mel estava enfrentando uma fase muito difícil, com uma infecção grave que os antibióticos não estavam conseguindo combater. Deixamos claro, mais uma vez, que queríamos que tentassem de tudo. Eu até frisei que já estávamos arrasados, mas que se precisassem pisar ainda mais em cima de nós, tudo bem, aguentaríamos. Nosso sofrimento já havia ultrapassado todos os limites, mas não desistiríamos e queríamos tentar tudo para salvar a vida da Mel. Decidiram então administrar um antibiótico mais forte na tentativa de intensificar a luta contra a infecção.

Além disso, a eficácia da diálise havia diminuído; a drenagem estava mais fraca, o que nos causava estranheza, pois anteriormente o processo era mais eficiente. Conversando com o nefrologista, ele sugeriu iniciar uma diálise mais intensa, que poderia irritar o peritônio[17] dela, assim como o antibiótico mais forte.

No meio dessa situação complicada, chegou o aniversário da Paola, em 16 de janeiro. Ela fez questão de passar o dia inteiro com a Mel. Eu sabia o quanto os aniversários dela eram importantes, especialmente após o nascimento da

17 O peritônio é uma membrana serosa que reveste a cavidade abdominal e os órgãos localizados dentro dela. Ele é composto por duas camadas: a camada parietal, que reveste a parede interna do abdômen, e a camada visceral, que envolve os órgãos abdominais. O peritônio produz um líquido seroso que lubrifica as superfícies dos órgãos abdominais, facilitando o movimento e prevenindo a fricção durante os movimentos do corpo. Além disso, o peritônio desempenha um papel importante na imunidade, na absorção de nutrientes e na remoção de toxinas do abdômen.

Mel, quando essas datas ganharam um significado ainda mais especial.

CAPÍTULO XIV

FORÇA TOTAL PARA SALVAR A NOSSA FILHA

Paola

Era meu segundo aniversário passado numa UTI ao lado da nossa filhinha, a Mel. Nesse ano, acordei um pouco desanimada com os últimos adventos, minha mente consumida pela preocupação com a nossa bebê, refletindo sobre como tudo aquilo havia acontecido. Estávamos tão perto de ir para casa com ela, e de repente, fomos surpreendidos com uma série de complicações: colostomia, diálise, infecção... A frustração era palpável.

Sendo filha única e tendo crescido apenas com minha mãe, aprendi desde cedo a valorizar cada aniversário como uma celebração essencial. Era um acordo tácito entre nós, algo que não podíamos deixar passar. No entanto, naquele momento, cercada pelas paredes da UTI e pelo estado delicado da Mel, não encontrava espaço para festividades em meu coração.

Naquele dia, enquanto estava no quarto com a Mel, ponderava sobre nossos planos frustrados: pretendíamos estar em casa até dezembro, o que não aconteceu, e havíamos reagendado para o meu aniversário, o que mais uma vez não se concretizou. Em meio a essas reflexões, fui surpreendida pela médica diarista que entrou no quarto e disse:

— Parabéns, Paola, pelo seu aniversário!

Fiquei assustada, sem esperar que ela se lembrasse. Ela me entregou uma lembrança, acompanhada de palavras reconfortantes que, sem que ela percebesse, transformaram meu dia. E foi então que refleti sobre algo importante que aprendi na UTI: às vezes, são os pequenos gestos — uma palavra, um sorriso, um abraço — que realmente transformam o dia de alguém.

Ela me elogiou, dizendo que eu era uma mãe especial e que a Mel tinha sorte de ter pais como eu e o Rodrigo. Esse reconhecimento foi o melhor presente que eu poderia receber naquele momento. Logo depois, a equipe do hospital descobriu que era meu aniversário e preparou uma grande surpresa: compraram um bolo coberto de castanhas e entraram no quarto cantando parabéns com entusiasmo contagiante. A emoção tomou conta de mim.

Uma curiosidade engraçada é que, mantendo meus hábitos saudáveis, eu sempre levava comida de casa para o hospital. Percebendo minha "vibe fitness", os funcionários do hospital colocaram uma bonequinha musculosa em cima do bolo!

Aquela celebração inesperada mostrou como, após sete meses de convivência diária, havíamos criado laços profundos e inesperados com a equipe. Cheguei à UTI como alguém que pensava que precisava ser exigente e impositiva. Mas aprendi que podia ser gentil e acolhedora, transmitindo o melhor de mim sem medo ou insegurança de não ser respeitada ou atendida. Dia após dia, reeduquei-me para mostrar gratidão e alegria, valorizando o cuidado que todos tinham com a Mel.

Durante a celebração, uma técnica me confidenciou:

— Paola, mesmo com todas as dificuldades, vocês sempre têm um sorriso, um beijo para dar. Você e o Rodrigo enchem a Mel de carinho e mantêm a UTI mais leve e suportável. Vocês são uma inspiração para nós!

Suas palavras tocaram profundamente meu coração. Ela então sugeriu:

— Hoje, comemore. Saia para jantar com seu marido. A Mel está estável, deixe a vovó ficar com ela. Vocês merecem uma noite fora, para recarregar.

Ela estava certa. Decidimos seguir seu conselho. À noite, minha mãe veio cuidar da Mel, e Rodrigo e eu saímos, redescobrindo nossa conexão numa noite memorável, revigorando nossa união e forças para enfrentar o que viesse pela frente.

Os dias que cercaram o aniversário da Paola foram intensamente difíceis. A Mel estava sendo submetida a medicamentos mais fortes e a sessões mais intensas de diálise. Uma nuvem pesada pairava sobre nossas cabeças. Todos os dias, ao voltar para casa após visitar a Mel e a Paola, eu chorava; desesperado, com o coração pesado, sempre orando: "Deus, o que mais podemos fazer? Ela estava melhorando, qual será o caminho agora?".

As noites eram inquietas, mas numa madrugada específica, acordei às 3 horas e decidi voltar ao hospital. Cheguei lá nervoso e abalado. Encontrei uma médica no quarto e, diante de uma Paola assustada, falei com a doutora de forma ríspida, exigindo que algo fosse feito para melhorar a condição da Mel. Ela tentou me acalmar, mas eu estava irredutível:

— As coisas não estão progredindo, vocês precisam fazer algo. Apesar da medicação forte, a Mel não melhora; vocês precisam resolver isso. Trouxemos a Mel aqui porque este é um hospital de referência. Estamos há tanto tempo internados e espero soluções, quero levar minha filha para casa!

Minha frustração era concreta. Eu precisava, desesperadamente, de uma resposta ou de uma melhora da Mel.

Então, a médica compartilhou algo que nos golpeou profundamente:

— Estamos fazendo tudo que é possível, até indo além do que normalmente faríamos, porque vocês têm uma determinação acima da média em enfrentar a dor. Estamos ultrapassando os limites convencionais. Agora, precisamos de uma resposta da Mel. Sempre que ela enfrentou um desafio, respondeu bem aos tratamentos, mas desta vez, não está havendo resposta.

Aquelas palavras me deixaram sem fala, confrontado com uma realidade dura.

Os dias seguintes foram marcados pela crescente percepção de que a Mel não estava melhorando. O antibiótico que ela tomava havia vinte dias, muito mais longo que o curso normal de quatro ou cinco dias, era extremamente forte e começou a causar descamação na pele do seu rostinho, nas pernas e nas costas. Continuamos com os exames, mas sem ver mudanças, e o rosto dela começou a desfigurar. Não suportando mais ver nossa bebê assim, pedimos aos médicos:

— Por favor, podemos rever esse tratamento?

No entanto, a infecção ainda estava ativa, criando um dilema: parar o antibiótico significaria não combater mais a infecção, mas continuar poderia causar mais danos à sua pele.

Diante disso, Paola e eu decidimos solicitar uma nova reunião com toda a equipe médica. Naquela manhã, havia cinco médicos de especialidades diferentes no nosso quarto. Conversamos sobre substituir o antibiótico e retirar o dreno da diálise, que parecia ser o foco da infecção. Sugerimos que deixassem a Mel sem o dreno por dois ou três dias, continuassem com um antibiótico diferente e, depois, reinserissem o dreno. A equipe médica, contudo, nos informou que isso não seria possível, pois a Mel não poderia ficar sem fazer a diálise por alguns dias. Realizamos outra reunião desta vez com cirurgiões, médicos especialistas e enfermeiras, reiterando nossa disposição para medidas mais agressivas, desde que mais fosse feito por ela.

Ficou decidido então que o antibiótico seria substituído e a Mel ficaria sob observação para ver como seu corpo reagiria. Novos medicamentos foram introduzidos.

Infelizmente, a Mel não respondeu bem às mudanças. A eficácia da diálise continuou a cair, e os novos medicamentos não surtiam efeito. Ela parou de interagir conosco e já não brincava como antes. Um dia, após minha sogra passar a noite com ela, notamos que a língua da Mel estava machucada. Naquela manhã, ficou evidente que algo muito sério estava errado. Com a eficiência da diálise diminuída, a urina da Mel reduziu e ela estava mais inchada.

Nossa querida Mel estava exausta, profundamente cansada.

CAPÍTULO XV

CHEGAMOS NO LIMITE DO LIMITE

PAOLA

Rodrigo e eu nunca chegamos a pensar que algo fatal pudesse acontecer, mesmo diante desse quadro grave. Tínhamos fé e confiança de que a Mel se recuperaria, como sempre havia feito. Mesmo vendo a gravidade da situação, algo dentro de mim insistia que não era real, que ela venceria, que sairíamos dessa juntos. Eu pensava: "Mais uma infecção, vamos superar essa também".

Essa fé alimentava nossa insistência com os médicos, nossa cautela com os medicamentos, e nossa luta incessante para evitar o luto. No entanto, os médicos eram claros e repetiam: "Existe um limite para a medicina e esse limite nós já atingimos com a Mel".

Naquela quarta-feira, quando voltamos ao hospital de manhã, a médica da UTI pediu para conversar comigo à noite, sugerindo que eu dormisse lá. Combinamos que assim seria.

À noite, tivemos uma longa conversa, e durante todo esse tempo não enviei os vídeos habituais para o Rodrigo, mostrando como estávamos. A doutora foi muito sincera comigo:

— Paola, a Mel está muito grave. Nós, médicos, chegamos a um ponto sem saída. Tentamos tudo, mas ela não responde mais aos tratamentos como antes. Mesmo mudando os medicamentos, ela não melhora. Os exames de sangue também não mostram progresso.

Confrontada com essa realidade dura, olhei para minha filha, tão apática e debilitada, e só consegui perguntar:

— A Mel vai partir, não é, doutora?

Com os olhos cheios de lágrimas, ela confirmou:

— Sim, acho que sim. Ela está muito cansada, não há mais o que fazer. Chegamos ao limite, Paola.

— Você acha que devo ligar agora para o Rodrigo?

— Sim. Seria bom avisar também toda a família.

Perguntei quando ela achava que a Mel partiria, e embora não pudesse precisar, insistiu que eu avisasse a família o quanto antes.

Mesmo diante de todas as evidências, nunca imaginei que esse momento chegaria. Sempre vi cada desafio apenas como mais um obstáculo. Mas naquela noite, a realidade que meu coração se recusava a aceitar, finalmente, se impôs.

Senti o peso da urgência e, após a conversa com a médica, liguei para o Rodrigo. Contei tudo, compartilhamos nosso desespero e choramos muito juntos. Era um lamento profundo, uma dor visceral. O telefonema pareceu durar uma eternidade.

Discutimos a necessidade de avisar os familiares. Depois, restou apenas o silêncio, enquanto as lágrimas continuavam a fluir.

Passei a noite olhando para a Mel, e meu coração ainda relutava em aceitar a realidade da dor que sentia.

Rodrigo

No dia seguinte, quando cheguei ao quarto, a realidade me atingiu brutalmente. Vi minha bebê, apática, com a cor do sofrimento de quem não tinha mais forças para lutar. Chorei de todas as maneiras possíveis, em silêncio e com soluços, num misto de dor e saudade de abraços que não podia dar mais.

Essa vez era diferente. A Mel não respondia. Como um pai sempre pronto para lutar, agora parecia estar sem munição.

À tarde, os médicos sugeriram parar a diálise. Reagi impulsivamente:

— Não, não vai parar nada! Por que parar? Continuem com tudo: diálise, medicamentos, procedimentos! Não é para parar nada!

Era desespero puro.

Insisti para que continuássemos com tudo, agarrando-me a um frágil fio de esperança de que ela pudesse reagir. No lugar mais secreto da minha alma, ainda acreditava que a situação poderia se alterar, que havia alguma chance. Era tudo ou nada.

Eu mesmo ajudava, massageava a barriguinha dela para tentar auxiliar a diálise, empenhado em não desistir.

Mas naquele dia, ao abrir os olhinhos dela, não encontrei a Mel. Seus olhos estavam distantes, perdidos, mergulhados em um mundo ao qual eu não tinha acesso.

Normalmente eu voltaria para casa, pois já estava acostumado a ir embora, mas uma intuição me fez ficar quando entrei no carro: "Não vá, Rodrigo, fique". Retornei ao hospital. Excepcionalmente, a médica permitiu que tanto eu quanto a Paola dormíssemos no quarto.

Nossa família já estava ciente da gravidade da situação; eles vieram ao hospital, conseguiram pegar a Mel no colo, como se estivéssemos cumprindo um ritual pré-definido. Naquele dia, a Mel passou praticamente o tempo todo no colo de todos: titia, vovô, vovós, eu e a Paola... Todos percebiam que a Mel não reagia mais.

Suas perninhas estavam feridas pelo antibiótico, com áreas que sangravam e mostravam a carne viva, especialmente perto dos joelhos. Ela estava cheia de machucados, tão indefesa, nossa pequena guerreira! Os olhos, agora opacos, não tinham mais brilho. Era como se ela já não estivesse ali, apenas seu corpinho permanecia...

Nossa querida Melzinha.

CAPÍTULO XVI

NOSSA ABELHINHA VOOU

Paola

O amor que sentíamos era tão imenso que, apesar de todos avisarem sobre a chegada iminente do fim, e mesmo vendo a falta de força vital na nossa pequenina, eu, como mãe, ainda alimentava esperanças. Escutava, assimilava e compreendia, mas persistia na fé de que, a qualquer momento, um milagre aconteceria. Nossa esperança jamais esmoreceu; abraçávamos a Mel, cantávamos para ela, cobríamos de beijos, fazíamos carinho, sempre dizendo: "Mel, mamãe e papai amam você, você é nossa filhinha amada".

Nunca desistimos de nossa filha.

Naquela noite, percebemos que os batimentos cardíacos da Mel oscilavam drasticamente entre 40, muito baixo, e 180, perigosamente alto. Em um desses momentos, coloquei a mão em seu peito e senti o seu coraçãozinho batendo aceleradamente.

Chamamos o médico de plantão para entender melhor a situação. Ele explicou com clareza:

— O coração dela está reagindo ao estado crítico do organismo. Por vezes, fica fraco; em outras, acelera na tentativa de lutar pela vida dela. Mas está difícil manter o ritmo, então ele oscila até que, eventualmente, pode parar.

O fim estava próximo, não havia como negar. Passamos a noite em vigília, acompanhando cada batida do coração de nossa filha no monitor, uma verdadeira tortura marcada pela impotência.

Na manhã seguinte, após os cuidados de higiene e medicamentos realizados pelas técnicas, posicionamo-nos ao lado do berço. Rodrigo deu um beijo em seu rosto e eu, outro em sua bochecha.

Eu estava de frente para o monitor. Ao levantar a cabeça, vi quando o batimento chegou a zero.

A Mel havia partido.

Tentei, por instinto, sentir algum sinal de vida em seu peito, mas não havia mais nada.

A Mel recebeu um beijo do papai e da mamãe e se foi.

O que se seguiu parecia a cena de um filme: a técnica entrou, saí correndo para chamar o médico, enquanto uma avalanche de lágrimas escorria de minha alma. Nem consegui assimilar o médico confirmar o que tanto temíamos ao longo do ano:

— Realmente, não há mais batimentos. O coração parou.

O desespero tomou conta de mim, desabei, e Rodrigo, em um abraço apertado, foi meu suporte quando me faltaram as forças.

A dor dilacerante invadiu meu peito, um turbilhão de sofrimento que parecia incontrolável.

Em um ato desesperado, ainda tentei reanimar nossa filhinha com massagem cardíaca.

Após alguns momentos, Rodrigo pediu às enfermeiras que removessem tudo: acessos, curativos, traqueostomia, sondas. "Tirem tudo, tudo, tudo!"

Deixaram a Mel perfeita, dentro de suas imperfeições, a filha linda que tanto amávamos.

Finalmente pudemos abraçá-la sem restrições, sem fios ou cabos a prenderem-na, e segurá-la nos braços.

Era a primeira vez que tínhamos essa liberdade.

Depois de um ano, um mês e dezesseis dias, nosso sonho de carregar nossa filha, agora totalmente livre, realizou-se.

Mas nossa Abelhinha precisou voar.

A vida é um ciclo e, mesmo quando não desejamos, certas situações se repetem. A equipe do hospital pediu que deixássemos a Mel com eles para que pudessem fazer os preparativos para o sepultamento. Solicitaram uma roupinha, e Paola escolheu um vestidinho muito colorido, um brinquinho, um laço e um terço — itens que tinham significado para ela como mãe, que pretendia usar quando levasse a nossa Mel para casa, para passear no parque, para brincar.

Lá fui eu novamente ao cartório para registrar a certidão de óbito da minha filha, passando por esse ritual doloroso pela segunda vez. Enquanto isso, Paola me aguardava no hospital. Eu precisava levar a certidão para liberar nossa saída.

Quando retornei ao hospital, nos despedimos de toda a equipe médica, de todas as pessoas que compartilharam conosco os nove meses de luta naquele local, conquistas, dores e amores. Depois, fomos ao setor do morgue, onde os corpos são enviados e preparados para serem identificados pelos familiares.

Ficamos nós três naquela sala gelada, aguardando a chegada do carro funerário. Apesar do tempo já transcorrido, confesso a você, leitor, que é muito difícil escrever sobre isso; ainda estamos processando cada detalhe, cada situação, cada lembrança. A saudade é imensa, e é difícil conter a emoção.

Um mês depois, ainda sentia aquela estranha sensação de estar vivendo um pesadelo, de que nada daquilo era real. Não tivemos a chance de levar nossa bebezinha de um ano para experimentar a vida ao ar livre, para sentir o vento em seu rostinho, o calor do sol, a água tocando seus pezinhos, a brisa da noite, o latido de um cachorro, o voo de um passarinho, a imensidão de um céu estrelado. Queríamos apenas essas coisas simples.

Lutamos muito. Mas a vida nos conduziu por outro caminho. Mesmo nesse turbilhão de sofrimento, tivemos a certeza de que aproveitamos cada segundo com a Mel da forma mais intensa possível: os *mesversários*, o aniversário de um ano, as datas especiais, os balões, os sorrisos, os aplausos quando ela interagia conosco, os beijos, os colos. Tudo foi vivido de maneira intensa, completa, com uma paixão tão verdadeira que moldamos, à nossa maneira, a nossa história com a Mel.

É doloroso passar por todo esse processo e não ter a Mel conosco agora. Mas percebo que nosso amor foi um reflexo de como aceitamos nossa filhinha tal como ela era; do jeitinho especial dela. Quem é pai ou mãe de uma criança especial entenderá o que estou dizendo: eles são seres únicos e especiais que chegam às nossas vidas para nos ensinar o que é o amor verdadeiro, corajoso, imbatível e incessante.

Muitas vezes nem lembrávamos que a Mel tinha uma síndrome. A síndrome nunca a definiu, nunca limitou nossos sonhos, nunca a diminuiu em nossos corações.

A Mel é muito mais do que isso.

Ela é uma força da natureza, um vendaval de amor em nossas vidas.

CAPÍTULO XVII

AMOR DE PAI E MÃE

Paola

Quando nos perguntam por que decidimos seguir em frente com a gravidez da Mel, apesar de saber que enfrentaríamos tantos desafios, nossa resposta é simples: não vimos outra opção em nossos corações.

Durante a gestação, descobrimos que ela tinha a Síndrome de Patau, uma condição rara sobre a qual há pouca informação, justamente porque muitos pais optam por interromper a gravidez ao se depararem com esse diagnóstico. Um dos médicos que consultamos nos informou sobre isso e mencionou que a maioria dos pais desiste diante desse desafio.

Nós escolhemos enfrentar e seguir em frente. Optamos por sermos fiéis à nossa consciência, que nos dizia que a vida é o maior bem que temos e que lutar para preservar esse dom é estar em paz com Deus.

A maternidade transforma uma mulher, mas toda essa experiência me transformou ainda mais, tornando-me uma pessoa completamente diferente. Aprendi a viver em uma UTI, desenvolvi empatia, cuidado e respeito pelo sofrimento alheio, e exerci com excelência a responsabilidade de ser mãe, conhecendo esse amor genuíno e sincero — um verdadeiro presente divino.

Estávamos, inconscientemente, sendo preparados por Deus. Para nós, a vida é sagrada; Deus nos dá a vida e somente Ele pode tirá-la. Ele nos entregou essa missão que foi a Mel, para mim e para Rodrigo, e nós honramos. Hoje, somos pessoas muito melhores, apesar da dor que ainda lateja em nossa alma.

Caro leitor, saiba disso: quando enfrentamos momentos

desafiadores, nos agarrarmos às nossas crenças em Deus pode fornecer uma fonte poderosa de força e resiliência. Ao confiarmos que há um propósito maior por trás de nossas lutas, encontramos conforto e esperança mesmo nas situações mais cruéis. A fé nos lembra que não estamos sozinhos em nossa jornada na Terra e que podemos encontrar apoio divino para superar qualquer advento. Ao nos rendermos à vontade de Deus e confiarmos em Seu plano para nossas vidas, somos capazes de enfrentar tudo e a todos com coragem e determinação, sabendo que Ele nos fortalecerá e nos guiará através das tempestades. É nesse alicerce espiritual que encontramos a força para perseverar, transformando momentos de adversidade em oportunidades de crescimento e aprendizado.

Hoje somos muito mais fortes. Até nossa família se fortaleceu. Sempre digo que todos podem se beneficiar com a história dela: avós, tios, amigos, médicos, enfermeiros e você, leitor — quem estiver disposto a entender a situação e tirar alguma lição disso, certamente o fará.

Algo muito lindo que o Rodrigo sempre fez foi olhar para a Mel e dizer: “Eu agradeço por você ter me escolhido para ser o seu papai! Eu amo ser o seu papai!”. E eu sigo com o mesmo: “Obrigada, filha, por ter me escolhido para ser a sua mamãe! Eu amo ser a sua mamãe!”.

Em minhas lembranças e ao olhar as fotos da Mel, só vejo luz e alegria. O amor e a paz são claros, e eu sou eternamente grata por estes momentos.

Eu digo que a Mel foi um enorme presente em nossas vidas. Todos ficavam impressionados ao ver como ela era boazinha. Mesmo tendo que fazer inúmeros procedimentos dolorosos e muitas vezes demorados, ela resistia, nos surpreendia e seguia em frente. Foi uma verdadeira guerreira, nos ensinou muito sobre resiliência humana e irá nos inspirar para sempre.

“Parabéns, filha! Mamãe e papai têm muito orgulho de você! Você é a nossa vencedora!” Sempre falávamos isso para ela e vamos continuar a dizer. “Eu, você e o papai formamos uma excelente equipe e lutamos juntos!”

Mel, obrigada pela oportunidade de vivermos tudo isso com você e de nos tornarmos pessoas muito melhores. Me sinto honrada em ter participado dessa jornada. Nosso legado será sempre contar a nossa história e dizer às pessoas que tudo valeu a pena.

Rodrigo

Toda tempestade que surge em nosso caminho é um desafio, um teste. Durante esse período em que vivemos em uma UTI, conheci muitos pais que, diante de problemas com um recém-nascido, optaram por virar as costas e seguir com suas vidas. Conversei com muitas mães que relatavam que após ficarem sabendo que o seu bebê teria algum tipo de problema, o pai optava por não estar presente ou arrumava desculpas dizendo que teria compromissos até tarde. No fundo, aquelas mães sabiam que estavam sozinhas, algumas até confidenciaram que o casamento havia terminado.

Eu olho para trás e fico muito feliz com as minhas atitudes. Estive com minhas meninas o máximo que pude, acompanhando cada processo e estando presente todos os dias. Acredito profundamente nos princípios e valores de vida, responsabilidade, comprometimento e entrega.

Estou muito orgulhoso de nós, da nossa família. Eu e a Paola construímos uma muralha que nos fortalece a cada dia. Enfrentamos o câncer da minha esposa, a perda prematura da Maya e as batalhas com a Mel, sempre mantendo a firmeza e focando em um horizonte de esperança, unindo-nos cada vez mais. Isso reflete quem somos.

É muito fácil sucumbir ao sofrimento diário, desmoronar diante dos piores diagnósticos que um pai ou uma mãe podem ouvir. É fácil cair e não se levantar. Mas nós optamos por resistir ao máximo, sempre erguendo a cabeça com a certeza de que fizemos o nosso melhor, lutando o bom combate, na linha de frente.

Mesmo com um final tão distante dos nossos melhores sonhos, cada segundo com nossa Mel valeu a pena. Seja qual for a intenção maior por trás de tudo isso, uma intenção que vem de Deus, tenho certeza de que cumprimos nosso papel e, com ele, vivemos a excelência do amor.

O tempo não apaga as lembranças, mas nos presenteia com a oportunidade de transformá-las em fontes de coragem e sabedoria para o futuro. À medida que avança, nossas experiências moldam o nosso caráter e nos preparam para os desafios que ainda virão. Cada obstáculo superado, cada lágrima derramada e cada sorriso compartilhado se tornam parte integrante dessa jornada, fortalecendo-nos para enfrentar o que está por vir.

Com o passar dos dias, aprendemos a valorizar cada ínfimo segundo e a encontrar significado mesmo nas adversidades mais complicadas. Assim, o tempo não nos faz esquecer, mas nos capacita a abraçar o futuro com coragem e determinação, confiantes de que somos competentes de superar qualquer pedra que se apresente em nosso caminho.

Estávamos sendo preparados, mesmo sem saber. Aproveitei cada segundo para moldar minha mente para situações desconfortáveis e extremas, ultrapassando meus limites.

Todos nós temos uma força oculta dentro de nós, geralmente escondida porque tendemos a preferir sempre o caminho mais fácil e agradável. Mas essa potência, quando acionada, como foi durante o ano de vida da Mel, explode e revela quão ilimitados somos, mostrando nosso poder de superação e resistência. Isso muda tudo; tem o poder de alterar o ciclo das coisas, mexer com todas as coordenadas e, quem sabe, influenciar o movimento do universo.

Nós nos preparamos, sempre! Algumas ferramentas que usamos para manter nossa força e determinação incluem: passar mais tempo com nós mesmos, seja por meio da meditação ou praticando alguns métodos de respiração ativa; viver o momento presente sem ficar remoendo o passado ou querendo antecipar o futuro; não julgar os outros; focar em nossos propósitos; descartar pensamentos vitimistas e canalizar nossa energia apenas para o que podemos controlar.

Quando enfrentamos alguma situação difícil na vida, temos a opção de nos vitimizar ou encarar de frente e resolver. Eu sempre falei para as pessoas ao meu redor que tinha a sensação de que nós três éramos soldados na linha de frente de uma guerra. Não tínhamos a opção de recuar, descansar e nem baixar a guarda; a única opção era avançar um pouco a cada dia. Nos vitimizar tampouco era opção, mesmo porque de nada adiantaria. Pensamentos e atitudes vitimistas só nos enfraquecem e não nos beneficiam em nada. Nós sabíamos que aquela missão era nossa e de mais ninguém.

As histórias tristes e lamentações servem apenas para comover quem não está no meio da batalha, e normalmente o que recebemos são "tapinhas nas costas" e a palavra "força". Portanto, diante de uma missão como essa, ou se você estiver passando por qualquer fase difícil em sua vida, tenha em mente que assumir a responsabilidade e continuar avançando sempre, sem bancar o coitado ou coitada, é o principal fator que determinará sua vitória ou derrota no final das contas.

Além do que, quando nos vitimizamos, nos tornamos espectadores da vida, acabamos terceirizando decisões e deixando que o mundo externo controle nossos pensamentos, sentimentos e consequentemente nossas ações.

Nós poderíamos contar duas histórias diferentes neste livro: uma cheia de coisas tristes, questionando o porquê de termos perdido duas filhas e sofrido tanto. E outra história contando quais foram os aprendizados que tudo isso nos trouxe, os ensinamentos de vida que podemos transmitir adiante e que podem ajudar você, leitor, de alguma forma.

O objetivo em nossas mentes sempre foi apenas um: avançar e levar a nossa princesa para casa. Decidimos ser os protagonistas de toda essa história, ou seja, assumirmos o papel e a responsabilidade que nos foi dado.

Quando acalmamos a mente e conseguimos olhar para dentro de nós, descobrimos quem somos de verdade e do que somos capazes. Quando estamos conscientes e observamos nossos pensamentos, conseguimos perceber que existe uma "voz na nossa cabeça" que muitas vezes só nos atrapalha, fazendo com que imaginemos sempre o pior cenário possível. Pensar é algo que nós escolhemos fazer e não algo que simplesmente acontece em nós. Repare que nossos pensamentos são automáticos e na grande maioria das vezes são repetitivos. Se nos identificamos com os pensamentos, não teremos o controle de nossas vidas, e sim o nosso condicionamento mental assumirá o papel principal fazendo com que deixemos o nosso protagonismo e essência de lado.

Deixar esse potencial todo aflorar foi parte do nosso trabalho diário durante todo esse processo. E a Mel foi nossa motivação durante todos esses dias de vivência e aprendizado que compartilhamos com ela.

Mel, eterna.

CAPÍTULO XVIII

CUMPRINDO PROMESSAS

Rodrigo

Em dezembro de 2023, quando os médicos nos informaram que Mel estava pronta para finalmente deixar o hospital, ficamos extasiados com a ideia de ter nossa filha em casa, perto de nós. Após um ano de internação, passando por dois hospitais e enfrentando tantas dificuldades, finalmente havia chegado o momento mais esperado.

Com isso, decidi fazer duas promessas: a primeira foi escrever um livro contando toda a nossa história, para honrar a trajetória das nossas filhas e mostrar às pessoas que somos muito mais fortes do que imaginamos. E, se você está lendo este livro agora, sabe que a cumpri.

A segunda foi que, no dia em que Mel voltasse para casa, eu correria de volta para casa. Sim, literalmente correria.

Do hospital até nossa casa, a distância é de cerca de 25 km. Como vocês sabem, sempre estive envolvido com esportes, mas a corrida nunca foi meu forte. Nunca havia participado de uma prova de corrida sequer, nem gostava de correr na esteira. Ou seja, meu preparo físico para isso era praticamente inexistente.

Após tudo o que aconteceu, nossa princesa se foi, e nosso plano de voltar para casa juntos não se concretizou. Mesmo assim, decidi cumprir minha promessa.

Corri minha primeira Meia Maratona (21 km) vestindo uma camiseta com a foto de Mel, onde estava escrito: "Maya e Mel – Muito Amor".

Eu queria que fosse um grande desafio completar a prova, queria estar nas mesmas condições físicas e emocionais em que estava quando Mel estava internada, mas prestes a ir para casa. Naquela fase, eu treinava muito pouco, meu condicionamento físico não era dos melhores. Meu foco estava totalmente em salvar a vida de Mel, levá-la para casa e garantir que nossa família estivesse preparada para recebê-la com tudo o que ela precisasse.

Por isso, sinceramente, também não me preparei como deveria para essa prova, e foi muito difícil terminá-la.

Minha motivação foi o crescimento que enfrentar desafios fora da nossa zona de conforto nos proporciona. Sim, a evolução que tivemos foi imensa, tanto pessoal quanto profissional.

Após os primeiros 15 km, o cansaço começou a pesar, as pernas endureceram e senti câimbras. Mas continuei pensando: "Se consegui estar com minha filha no hospital por um ano e dois meses, enfrentando um sofrimento diário, também consigo terminar essa prova!".

Para quem tem experiência em corrida, uma prova de 21 km pode não parecer grande coisa, mas para quem a faz pela primeira vez e sem muito preparo, o desafio é significativo.

Em um determinado momento, perto do km 18, decidi caminhar por alguns minutos. Nessas provas, sempre há pessoas incentivando ao longo do percurso. Quando saí de um túnel, próximo dos últimos quilômetros, ouvi uma mulher dizer: "Vamos! Continue pela Maya e pela Mel!". Aquilo acendeu uma chama dentro de mim, e lágrimas rolaram pelo meu rosto, ajudando-me a terminar a prova, mesmo com câimbras e as pernas rígidas como pedras.

Assim que cruzei a linha de chegada, uma sensação de alívio me inundou, e agradeci à Maya e à Mel por terem me acompanhado durante todo o trajeto.

Quem gosta de esportes competitivos e de performance sabe que o mais importante está no processo. Quando falo de processo, refiro-me aos treinos que antecedem o jogo ou a prova, ao caminho que precisamos percorrer para alcançar a vitória. O verdadeiro desafio é superar a si mesmo passo a passo, e o mais importante, é curtir o processo. Quando apreciamos o processo, o objetivo final se torna apenas uma consequência do trabalho duro que já foi feito e superado.

Se eu puder deixar um conselho para você, leitor, que está começando um novo desafio e deseja conquistar um corpo e uma mente fortes, ser mais consistente nos treinos, progredir no lado profissional e ser uma pessoa bem-sucedida, seria: curta o processo! Não foque apenas no resultado final, porque, quando você "chegar lá", perceberá que o mais interessante foi o processo e a evolução que você teve durante o tempo de preparação e treinamento.

O aprendizado está na jornada, não na linha de chegada.

Rodrigo completando a sua primeira Meia Maratona

EPÍLOGO

Rodrigo e Paola

Ser o ponto fora da curva exige coragem, mas também uma determinação inabalável de não se deixar derrotar pelas circunstâncias.

As pessoas que se destacam não são aquelas que tiveram uma jornada fácil, mas as que se recusaram a aceitar o que lhes foi imposto. Elas ousaram questionar, quebrar paradigmas e inspirar os outros. Foram elas que, ao invés de se conformarem com o que era dado, buscaram mais, acreditaram mais e, principalmente, fizeram mais. Este sempre foi o nosso exemplo.

Quem está disposto a desafiar suas próprias limitações pode alcançar o que antes parecia impossível. Enquanto muitos veem a vida como uma sucessão de obstáculos intransponíveis, os que possuem uma mentalidade resiliente encaram cada desafio como uma oportunidade de crescimento. Eles sabem que a excelência não nasce de talentos extraordinários, mas da capacidade de se adaptar, aprender e persistir. Não é sobre evitar erros, mas sobre como nos levantamos depois deles.

O caminho mais fácil pode parecer ideal, mas não nos testa. Poderíamos ter escolhido interromper a gravidez, não conhecer a Mel e não passar por tudo que aconteceu. Mas o caminho mais fácil também não exige fé, e por isso nunca nos tornará grandiosos.

Quanto mais avançamos na vida, mais percebemos que precisamos enfrentar situações desafiadoras. É nelas que está todo o conhecimento. Não há garra no topo, não há como testar sua determinação enquanto você desfruta de conforto máximo. Assim que você vence, precisa voltar a se desafiar para continuar aprendendo e crescendo.

Quando estávamos no hospital, o tempo para tudo aquilo terminar era desconhecido. Precisávamos manter o foco, pois o fator misterioso poderia roubar nossa concentração. Levar nossa bebê para casa era nosso objetivo principal, e o fim de todo aquele sofrimento chegaria quando tivesse que chegar. Ficar nessa expectativa é apenas uma distração que nos impede de completar as tarefas dando o nosso melhor.

Quando tudo terminou, ficamos arrasados e ainda estamos, mas também reconhecemos que nos trouxe um crescimento enorme. Hoje compreendemos que podemos tornar qualquer obstáculo grande ou insignificante de acordo com nossa vontade. Tudo se resume à nossa forma de encará-lo.

Portanto, a Mel foi o grande marco transformador em nossas vidas, uma verdadeira fonte de amor e crescimento. Ela nos ensinou valores preciosos sem proferir uma única palavra, e nos deu um amor imenso, mesmo sem poder nos abraçar.

Nos ambientes mais desafiadores, como a UTI onde passou muitos de seus dias, ela nos ensinou a encontrar motivos para sorrir.

O amor, querido leitor, transcende o cansaço. Ele dissipa a aridez dos dias monótonos na UTI, varre as nuvens de desânimo e frustração, e quebra as barreiras do que parece impossível. O amor infunde uma força prodigiosa em nossas almas, tornando-nos destemidos e invencíveis, e nos prepara para enfrentar qualquer desafio.

Somos profundamente gratos por termos sido escolhidos para sermos os pais da Mel.

Em dezembro de 2023, três meses antes da Mel nos deixar, recebemos outra bênção: soubemos que Paola estava grávida novamente.

No Natal, compartilhamos com a Mel que ela teria uma irmãzinha, Bella.

Acreditamos que, ao saber da chegada próxima de Bella, a Mel enfim percebeu que poderia partir em paz, sabendo que um novo amor estava a caminho para preencher nossos corações.

Estarmos grávidos novamente é uma graça divina, uma nova jornada que abraçamos com corações fortalecidos pelo amor da Mel. Com a Bella, já decidimos: não pretendemos ser pais "superprotetores"; queremos deixá-la experimentar, fracassar, cair e ralar o joelho... ou seja, viver a realidade.

Estamos bem, resilientes e esperançosos, pois a Mel nos ensinou a sermos melhores em tudo, especialmente como pais.

Obrigado, nossa Abelhinha!

Descanse em paz.

Seu amor continuará presente em todas as flores dos nossos dias.

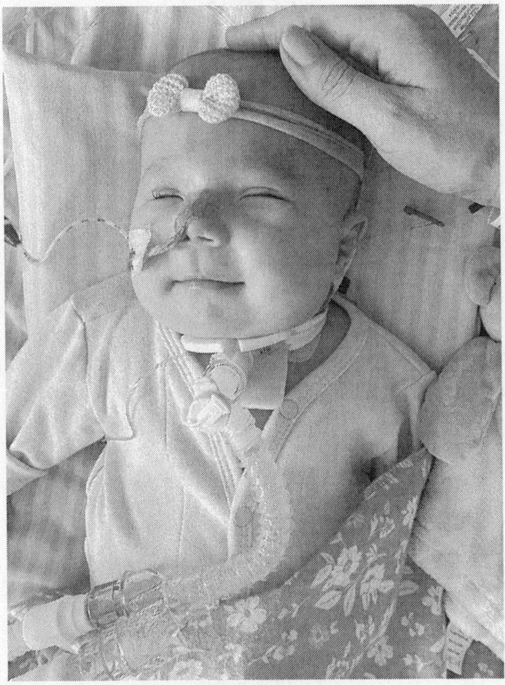

Nossa linda Mel

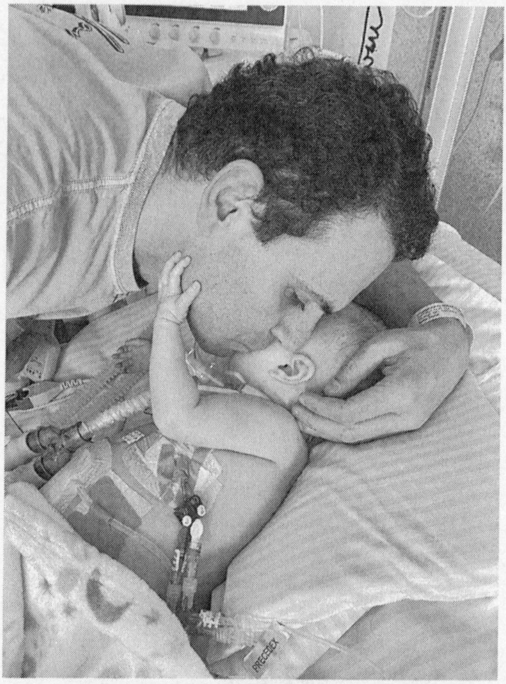

Aquele abraço inesquecível no papai...

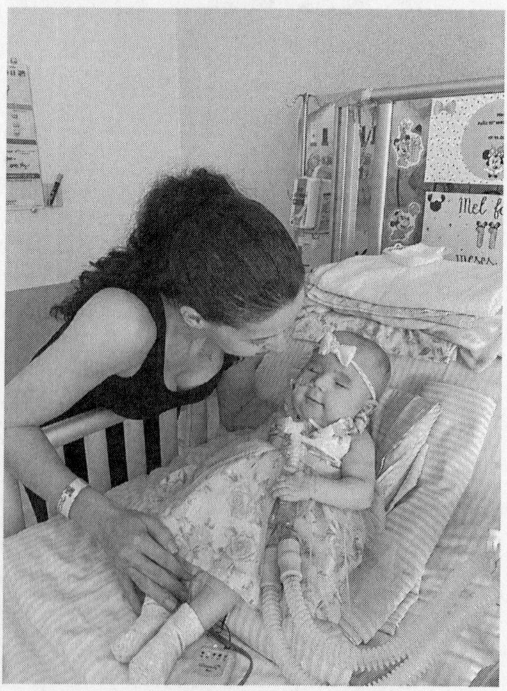

...e os braços calorosos da mamãe

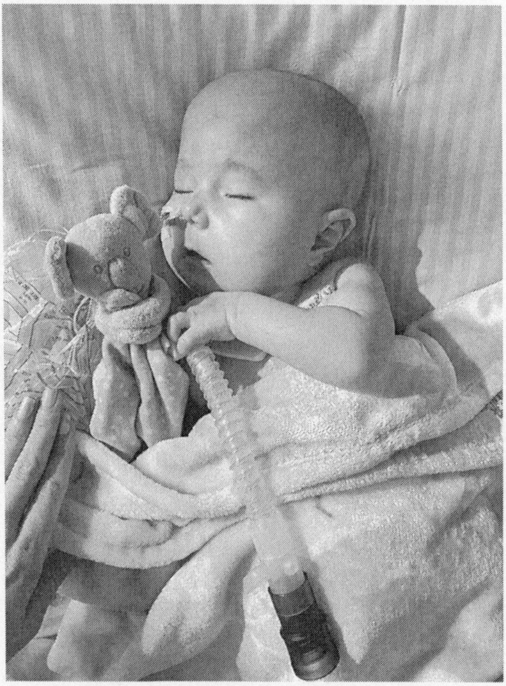

Mel e seu bichinho de pelúcia

Com a Bella, que nasceu em 21 de agosto de 2024

DEPOIMENTO

Dra. Maria Carolina Caparica Modolo

Fui a médica que recebeu a pequena Mel, uma paciente com Síndrome de Patau, quando ela tinha quatro meses de idade, no dia 30 de abril de 2023, na cidade de São Paulo.

Quando a Mel chegou, logo conheci seus pais, Rodrigo e Paola. Um casal jovem, trazendo consigo uma carga emocional significativa. Eles já haviam sido informados previamente sobre os cuidados paliativos, o que os deixava bastante angustiados. No entanto, ambos estavam determinados a lutar pela vida da sua filhinha, mesmo depois de várias pessoas terem expressado dúvidas sobre a sobrevivência dela. Expliquei a eles que, embora não haja cura para a Síndrome de Patau, estávamos comprometidos em fornecer o melhor cuidado possível para a Mel. E enfatizei que a Mel não era a síndrome; a Mel era a Mel, uma pessoa única e especial.

Ali, fizemos um pacto. "Vamos cuidar dela até o fim", afirmamos juntos.

A Síndrome de Patau, uma doença rara, é caracterizada por diversas malformações que afetam o desenvolvimento dos pacientes. Geralmente há um atraso significativo no desenvolvimento, tanto mental quanto cognitivo, além de malformações físicas, o que reduz consideravelmente a expectativa de vida. Esses pacientes podem apresentar alterações neurológicas, anatômicas e frequentes episódios de crises convulsivas. As alterações cardiológicas também tendem a ser variadas e, se graves, comprometem ainda mais a expectativa de vida. Entre outras características físicas estão: deformidades nas orelhas, fenda palatina, fenda labial, microcefalia (cabeça menor que a média), microftalmia (alteração na visão) e mudanças no couro cabeludo. Também é comum que os bebês nasçam com um dedinho a mais na mãozinha ou pezinho.

Cerca de 80% dos pacientes com essa síndrome falecem ainda no primeiro ano de vida, e a maioria vive apenas alguns dias ou meses. Entretanto existem exceções, e casos comprovados de pacientes que alcançam bem mais tempo, a depender do grau das malformações.

A Mel chegou até nós com uma traqueostomia dependente de ventilação mecânica, devido a algumas complicações anteriores em outro serviço; com um acesso central, que inicialmente removemos, mas após novas complicações, precisamos colocar um novo; e também com uma sonda para alimentação. Inicialmente consideramos a possibilidade de realizar uma gastrostomia[18], porém, diante de suas oscilações de saúde, decidimos abandonar essa ideia e focar em equilibrar a ascite quilosa e o quadro cardíaco multifatorial que tanto nos desafiava.

Ao longo do primeiro mês, realizamos diversas conversas significativas com Rodrigo e Paola, e notei uma transformação notável em relação aos seus valores de vida e ao que consideravam importante. Passamos a valorizar cada momento com a Mel, como os seus *mesversários*, momentos de felicidade e interação. Buscamos unir todas as especialidades médicas para avaliar a gravidade dos problemas cardíacos, gastrointestinais, neurológicos e renais. Discutimos também as questões nutricionais complexas da Mel e estabelecemos limitações de intervenção, reconhecendo a falta de benefício em medidas extremas como a reanimação em caso de parada cardiorrespiratória, hemodiálise e ECMO[19].

Essas conversas foram difíceis, porém cruciais para o progresso da Mel, fortalecendo o nosso vínculo e reafirmando o nosso compromisso com o seu cuidado e bem-estar,

---

18 A gastrostomia é um procedimento cirúrgico no qual é feita uma abertura direta através da parede abdominal e do estômago, criando um acesso externo ao estômago. Geralmente, é realizada para fornecer uma maneira alternativa de alimentação e administração de medicamentos em pacientes que são incapazes de ingerir alimentos pela boca devido a condições médicas.

19 ECMO, ou oxigenação por membrana extracorpórea, é uma técnica avançada de suporte de vida que é usada para fornecer oxigenação adequada e remoção de dióxido de carbono do sangue de pacientes com insuficiência respiratória grave ou insuficiência cardíaca. Neste procedimento, o sangue do paciente é removido do corpo e passa por um circuito externo de oxigenação, onde é oxigenado e o dióxido de carbono é removido. Em seguida, o sangue oxigenado é devolvido ao corpo do paciente.

sempre mantendo o objetivo de sua eventual alta hospitalar em mente. No entanto, enfrentamos desafios inesperados, como a interrupção da chamada "lua de mel" inicial, devido a complicações como a ascite quilosa e problemas cardíacos, que afetaram sua estabilidade e progressão da dieta.

Essas dificuldades persistiram ao longo dos meses, com necessidade prolongada de nutrição parenteral[20] e complicações como o quilotórax[21], exigindo drenagem e tratamento constante. A Mel também enfrentou infecções recorrentes devido à sua imunidade comprometida pela alteração linfática subjacente[22].

Após cerca de três meses de internação, a Mel desenvolveu uma insuficiência renal aguda, marcando um ponto crítico em sua condição. A conversa agora se voltava para a gravidade da situação e a possibilidade de um desfecho fatal. Então discutimos a possibilidade da diálise peritoneal, cientes dos riscos adicionais que ela representaria para a paciente já em estado grave, como a potencial ocorrência de novas infecções e complicações relacionadas à inserção do cateter. No entanto, após uma discussão em equipe com a família, optamos conjuntamente por tentar. Embora tenha sido uma decisão angustiante, todos estavam conscientes da gravidade da situação e dos riscos envolvidos. Rodrigo e Paola foram devidamente informados sobre as opções e concordaram em prosseguir com a diálise.

Assim, a Mel foi submetida a uma intervenção cirúrgica para a colocação de um Cateter de Tenckhoff[23] na região

20 Nutrição parenteral é um método de alimentação em que os nutrientes essenciais são administrados diretamente na corrente sanguínea, contornando o trato digestivo.

21 Quilotórax é uma condição em que o quilo, um líquido leitoso composto principalmente de gorduras digeridas e proteínas, se acumula na cavidade pleural do tórax. Normalmente, o quilo é absorvido pelos vasos linfáticos do intestino e transportado para a corrente sanguínea, mas em casos de quilotórax, ocorre um vazamento dos vasos linfáticos para a cavidade pleural.

22 "Alteração linfática subjacente" refere-se a anormalidades nos vasos linfáticos abaixo de uma condição ou doença específica. Problemas nos vasos linfáticos podem causar edema, comprometer o sistema imunológico e prejudicar o transporte adequado de fluidos pelo corpo.

23 O Cateter de Tenckfoff é inserido na cavidade abdominal do paciente e serve como um canal para a entrada e saída do líquido de diálise durante o procedimento. O cateter de Tenckhoff é projetado especificamente para permanecer no lugar por longos períodos de tempo, proporcionando acesso duradouro à cavidade peritoneal. Ele possui um design especial com um manguito subcutâneo que ajuda a manter o cateter no lugar e a prevenir vazamentos de líquido.

abdominal e iniciou a diálise no mesmo dia, dadas as suas condições clínicas. Isso ocorreu por volta de julho de 2023, quando a Mel tinha cerca de seis a sete meses de idade. A diálise foi bem-sucedida, e resultou até mesmo em uma melhora na drenagem linfática.

Após os primeiros dias, durante os quais a Mel experimentou alguma dor, a diálise mostrou-se muito eficaz, permitindo uma progressiva melhoria em sua alimentação. Atendendo a uma solicitação da Paola, baseada em experiências compartilhadas por outras mães de crianças com a mesma síndrome, optamos por mudar a fórmula do leite. Essa colaboração contínua com a família foi fundamental. Com a estabilização da Mel e a melhoria de sua condição geral, pudemos interromper a nutrição parenteral gradualmente.

Conforme a Mel demonstrava sinais de maior estabilidade, como uma estabilização cardíaca e ganho de peso, consideramos a possibilidade de alta hospitalar. Embora tenha sido necessário mais tempo para desmamar completamente a nutrição parenteral e eliminar a necessidade de antibióticos, a Mel continuava a mostrar sinais de progresso. Ao conhecer mais mães e testemunhar o avanço da Mel com a diálise, começamos a vislumbrar uma esperança em meio aos desafios enfrentados.

Uma característica marcante na Mel sempre foi sua calma, expressa mesmo nas situações de desconforto. Ela conseguia comunicar suas sensações de maneira singular, indicando quando estava com dor, irritada ou confortável. Apesar das dificuldades enfrentadas, nunca apresentou um quadro neurológico grave. Embora tenha sido medicada com fenobarbital devido à síndrome de Patau, uma das gratidões que sempre expressava a Rodrigo e Paola era pela estabilidade de sua condição neurológica.

Enquanto lidávamos com os desafios cardíacos, renais, gastrointestinais e hepáticos, a estabilidade neurológica da Mel era um alívio. Isso nos permitiu focar nos demais aspectos de sua saúde, sabendo que a parte neurológica não era uma preocupação iminente.

O quadro clínico da Mel sempre nos surpreendeu pela sua abordagem "um problema de cada vez". Quando uma questão se agravava, outra área tendia a melhorar, proporcionando um equilíbrio relativo em seu estado geral. Por exemplo, quando enfrentava dificuldades respiratórias, sua função renal geralmente se mantinha estável. Essa dinâmica nos permitiu abordar os desafios progressivamente, considerando cada aspecto de sua saúde de forma individualizada.

À medida que a Mel crescia, vinham os dentinhos. A irritabilidade e os desconfortos relacionados ao nascimento dos dentes exigiram uma abordagem cuidadosa, incluindo medicação para alívio da dor e a necessidade de acessos frequentes, pois a barriguinha descompensava. Para facilitar os cuidados, optamos por um acesso de longa duração, visando à futura transição para o ambiente familiar.

Um aspecto fundamental que rapidamente percebemos nos primeiros meses foi o compromisso mútuo de Rodrigo e Paola em manterem seu relacionamento forte e ativo, sempre parceiros, e em envolver ativamente as avós no cuidado com a Mel. Inicialmente, houve alguma hesitação por parte de Rodrigo e Paola em abrir essa porta para as avós, D. Sandra e D. Tais, mas foi um passo de imensa beleza e significado. Essa decisão permitiu que eles se mantivessem unidos, desfrutassem um pouco de tranquilidade em casa, celebrassem seu casamento e permitissem que as avós compartilhassem um tempo precioso com a Mel. O envolvimento ativo das avós foi notável, com suas visitas trazendo uma atmosfera especial ao ambiente. A equipe toda reconhecia e valorizava profundamente o amor e dedicação das avós, que ofereciam cuidado, delicadeza e compreensão das necessidades da Mel de uma forma única e tocante. Era evidente o carinho delas pela Mel, criando momentos verdadeiramente belos e comoventes.

No final de 2023, por volta de novembro, a Mel estava se recuperando bem. Sua dieta estava estabilizada, sem infecções, e a diálise peritoneal estava funcionando de maneira eficaz. Foi quando consideramos iniciar o processo de desospitalização. Entramos em contato com o convênio para solicitar a máquina de diálise domiciliar, aguardando ansiosamente a chegada dela, que permitiria que a Mel continuasse o tratamento em casa.

Enquanto aguardávamos a máquina, a Mel parecia estar cada dia melhor. Reduzimos a frequência das infusões do líquido da diálise, e em alguns momentos, questionamos se o procedimento ainda era necessário. No entanto, sabíamos da importância de manter o tratamento para garantir a progressão da dieta e a estabilidade de sua condição. Apesar de alguns desafios gastrointestinais, como distensão abdominal e irregularidades evacuatórias, continuávamos otimistas em relação à desospitalização.

Quando finalmente conseguimos a máquina de diálise, enfrentamos dificuldades com o serviço de *home care*. Houve demoras e negativas da empresa que geraram estresse para a família, especialmente durante o período festivo, incluindo o aniversário da Mel em dezembro. As festividades de Natal e Ano Novo vieram e se foram, enquanto aguardávamos ansiosamente a assistência necessária.

No entanto, após o Natal, a Mel começou a apresentar sintomas de distensão abdominal e piora gastrointestinal. O quadro evoluiu rapidamente para uma infecção abdominal grave, complicando sua condição e exigindo intervenção cirúrgica de emergência. Apesar da tentativa de resolver o problema com uma colostomia de urgência, a situação não melhorou como esperávamos. Complicações pós-operatórias e vazamento de líquido da diálise pela cicatriz cirúrgica tornaram impossível a nutrição adequada e a continuação do tratamento dialítico.

Apesar de todos os esforços da equipe médica e da família, a Mel não conseguiu se recuperar. Após um mês e meio de luta intensa, ela faleceu no dia 2 de fevereiro de 2024, com apenas um ano e dois meses de idade. Foi um período difícil para todos nós, pois compartilhamos da tristeza da família pela perda da Mel.

Mesmo com todas as adversidades, Rodrigo e Paola

sempre estiveram cientes das incertezas que cercavam a jornada da Mel. Eles foram pais incríveis, lutaram incansavelmente pela vida de sua pequena, em um testemunho de amor incondicional que tocou a todos nós profundamente. A beleza desse amor era palpável em cada momento compartilhado. Paola, em particular, foi uma "leoa", enfrentando cada desafio de frente, sem hesitação. Enquanto Rodrigo se desdobrava entre os compromissos profissionais e a família, Paola estava sempre presente, encarando os altos e baixos, muitas vezes passando noites em claro no ambiente desafiador da UTI.

A Mel deixou um legado profundo em cada um de nós, ensinando-nos lições valiosas sobre vida, amor e resiliência. O que essa família viveu ao lado da Mel foi um testemunho do poder do amor e da força da união. Cada sorriso, cada novo dentinho, cada pequena evolução foram celebrados com intensidade, mostrando-nos o verdadeiro significado da gratidão pelas pequenas alegrias da vida.

É claro que houve momentos de alegria indescritível e momentos de profunda tristeza. Nem sempre vencemos, esta é a natureza da vida, mas há lições a serem aprendidas e memórias a serem guardadas com carinho. No meio da tempestade, pode ser difícil enxergar a luz, mas depois dela, a reflexão nos traz clareza.

Agora, a Mel está em um lugar onde não há dor nem sofrimento. Ela está livre, brincando, protegida nos braços de Deus. Embora sua jornada conosco tenha chegado ao fim, o amor que ela deixou continua a crescer, envolvendo a todos nós com sua ternura e sua força inspiradora.

Eu sou imensamente grata por ter sido parte dessa trajetória, ao lado de uma família que se tornou parte da nossa própria.

E em meio à despedida, fica a lembrança do poder transformador do amor e da determinação humana. Rodrigo e Paola lutaram pela sua filha com uma coragem inabalável, independentemente dos desafios que enfrentaram. E agora, enquanto a Mel descansa em paz, seu legado de amor e resiliência continua a nos inspirar, guiando-nos suavemente pelos caminhos da gratidão.

Maria Carolina Caparica Modolo *é médica pediatra e intensivista. Atualmente trabalha como diarista na UTI do Hospital Infantil Sabará.*

AGRADECIMENTOS

Queremos primeiramente agradecer a Deus por nos presentear com as nossas 3 meninas: Maya, Mel e Bella, e por permitir que pudéssemos vivenciar toda essa história descrita aqui neste livro.

Obrigado, Maya, Mel e Bella, por nos proporcionarem a experiência de nos tornarmos seus pais e viver esse amor tão intenso e divino. Vocês viraram a nossa vida de cabeça para baixo, e era exatamente o que precisávamos. Nós viveríamos tudo novamente com vocês. Vocês nos tornaram pessoas melhores, e estamos honrados em contar nossa história ao mundo. Hoje escrevemos este livro com muito orgulho da nossa família. Amamos muito vocês.

Queremos agradecer a todos os profissionais do Hospital e Maternidade Pro Matre Paulista, onde Paola ficou internada, a Maya nasceu, a Mel nasceu e também ficou meses internada na UTI Neonatal.

Obrigado, Dra. Vilma, que recebeu o Rodrigo desesperado na sala da UTI logo após o nascimento da Mel, o acalmou e explicou como iria funcionar dali para frente. Muito cuidadosa, sempre nos explicou tudo em detalhes.

Obrigado a todas as técnicas de enfermagem que cuidavam tão bem da Mel. Alguns nomes que estavam constantemente conosco: Tayla, Jaque, Talita, Claudia, Nati, que nos ajudavam muito. Marcinha e Fabíola, quantas noites vocês nos tranquilizavam quando precisávamos ir para casa.

Obrigado a toda a equipe médica pela conduta e direcionamento: Dra. Edineia, Dra. Filó, entre tantos outros.

Obrigado às enfermeiras Thayana e Stephanie. Thay, com sua

risada inconfundível, e Ste, que apelidou nossa Mel de Abelhinha e inclusive a presenteou com uma abelha de pelúcia.

Ao Hospital Infantil Sabará, fica aqui o nosso muito obrigado.

Ao pessoal da recepção, que estava sempre com um sorriso no rosto e muito animado; à equipe da limpeza; às tias que nos traziam as refeições e muitas garrafas de água. Paola já era conhecida por beber muita água, e o quarto estava sempre abastecido, não é, tia Ge? Aos fisioterapeutas, obrigado pelo excelente trabalho: Diego, Mari, Gabi e toda a equipe.

Às técnicas de enfermagem que cuidaram tão bem de toda a nossa família, não apenas da Mel, mas também de nós; papai Rodrigo, mamãe Paola e das vovós. Andressa, Adriana, Bruna, Mari, Lari, que fazia um ritual especial no banho e enrolava uma toalha na cabecinha da Mel; Karine, muito carinhosa e cuidadosa, se tornou uma grande amiga e confidente naquele ambiente. Maria, Glaucia, Simone da touca de bichinho, e a Simone que manteve o Rodrigo calmo durante uma queda de saturação da Mel às 3 da manhã. São profissionais do turno da noite e faziam com que nosso sono fosse melhor. Muito obrigado.

Toda a equipe de enfermagem: Marielsa, Thais, Tieme. Em especial, Samanta, que nos recebeu no primeiro dia que chegamos ao hospital e, na reta final, realizava todos os procedimentos e curativos da Mel.

À equipe médica, nosso agradecimento por fazerem tudo o que foi possível pela Mel. Queremos agradecer à Dra. Maria Carolina, a médica mais gentil que nós conhecemos. Quantas conversas tivemos, não é, doutora? Uma médica diferenciada. Apesar das condições difíceis, ela sempre foi sincera e muito humana, cuidando de toda nossa família com muito carinho. À Dra. Aline e à Dra. Jussara, que também acompanharam toda a nossa estadia no hospital e cuidaram muito bem da Mel, fica aqui o nosso reconhecimento e agradecimento. À Dra. Giseli, que fazia os procedimentos quando a Mel precisava ir para o centro cirúrgico. Quantas vezes não saímos chorando abraçados daquele centro cirúrgico, não é, doutora? Dra. Chris, Dra. Tati, Dra. Denise, Dra. Dani e Dra. Maira, muito obrigado pelos cuidados e pelas conversas, sempre com a intenção de salvar a nossa princesa.

Obrigado a todos os profissionais envolvidos pela dedicação, atenção e cuidado com a nossa família. Temos muita admiração por cada um de vocês.

Agradecemos também à Dra. Adriana Viola, que, durante a gestação da Mel, nos deu muito apoio, nos levou a uma igreja muito especial e nos incentivou a cultivar a nossa fé.

Tias Carol, Karina e Gabi, que sempre estiveram presentes. Tia Talita, tio Vitor, Gabi e Allan, que amam as priminhas e estavam na torcida pela nossa família.

Vovô Orlando e vovô Paulo, que sempre nos apoiaram em vários momentos de nossa vida. É muito bom poder contar com vocês, sempre dispostos a ajudar o máximo.

Às vovós Sandra e Tais, superparceiras. Foram essenciais em todas as etapas! Não temos palavras para agradecer. São muito especiais, proativas, sempre muito próximas e amorosas. Independentemente do que estivesse acontecendo, elas estavam lá conosco. Muito obrigado.

Aliás, esse apoio familiar foi primordial para que conseguíssemos seguir em frente, mesmo com tantos desafios. Amamos vocês.